## 特別支援教育 における

# ソーシャルスキルを磨く
# スキリング・
# ワークシート

## 廣田　稔 著

★すべてのワークシートは PDF と編集して使える PowerPoint のデータがダウンロードできます。2章の各項目に掲載されている QR コードもしくは URL にアクセスし，必要なワークシートをダウンロードし，プリントアウトして使ってください。

# 目次

## 1章 スキリング・ワークシートを使ってソーシャルスキルを高める ..... 05

ソーシャルスキル・トレーニングとは ..... 06

スキリング・ワークシートの使い方 ..... 08

**活用のヒント❶**
ソーシャルスキルが身に付くまでの
5つのフェーズ ..... 12

**活用のヒント❷**
［実践事例］自立活動「怒りのコントロール」 ..... 18

## 2章 総合スキルチェック&スキリング・ワークシート ..... 21

総合スキルチェック ..... 22

**自己理解** をテーマとしたスキル

### 1-1 自己肯定スキル ..... 23

長所や得意を知るワーク
短所のリフレーミング・ワーク
学習の苦手に対処するワーク
苦手な感覚に対処するワーク

### 1-2 感情理解スキル ..... 35

気持ちを表現するワーク

他者の感情を読み取るワーク

アンガー・マネジメント・ワーク

不安や緊張に対処するワーク

## 1-3 実行機能スキル ............................................ 49

行動を改善するワーク

けじめのある生活をするワーク

健康的な生活をするワーク

将来のことを考えるワーク

## 1-4 ストレス対処スキル ...................................... 63

心の健康状態を把握するワーク

ストレスを把握するワーク

ストレス・マネジメント・ワーク

困っていることを相談するワーク

## 1-5 認知行動スキル ............................................ 73

ものごとの捉え方の傾向を知るワーク

ポジティブ・シンキング・ワーク

解決志向アプローチのワーク

理想の姿を考えるワーク

**社会適応** をテーマとしたスキル

## 2-1 コミュニケーション・スキル .......................... 85

相手の気持ちに寄り添うワーク

相手に伝わる話し方のワーク

立場の違いを考慮した言葉遣いのワーク

相手の気持ちに沿った会話のワーク

## 2-2 アサーション・スキル ......... 97

お願いするアサーション・ワーク

謝るアサーション・ワーク

質問するアサーション・ワーク

断るアサーション・ワーク

## 2-3 集団参加スキル ......... 109

集団に入る・誘うワーク

話し合いのワーク

行事やグループ活動のワーク

リーダー・フォロワーのワーク

## 2-4 社会生活スキル ......... 121

みんなの気持ちに配慮するワーク

マナーやモラルを守るワーク

ルールを守り，正しい行動をするワーク

生活上の問題に対処するワーク

## 2-5 ネット社会生活スキル ......... 133

好ましいネット利用のワーク

ネット上のマナーやモラルを守るワーク

ネットトラブルを回避するワーク

ネットトラブルに対処するワーク

## スキリング・ワークシート解答例 ......... 145

# 1章

## スキリング・ワークシートを使って
## ソーシャルスキルを高める

# ソーシャルスキル・トレーニングとは

## ■「9歳の壁」を越えるためのメタ認知

　ソーシャルスキルとは，対人関係や社会生活を営むために必要な技能のことです。生まれつきの能力ではなく，経験や練習によって習得する技能です。通常は，成長の過程で自然と身に付きますので，社会で必要なソーシャルスキルの大半は，特別な練習をしなくても小学校を卒業する頃までには身に付いていることでしょう。

　しかし，生育環境の問題や発達に課題がある場合など，中高生や大人になっても望ましいスキルが身に付いていないことがあります。スキル不足による対人関係のトラブルなどは，本人や周囲の人たちの不利益となるかもしれません。なるべく早い段階で学習し，適切なソーシャルスキルを身に付けることが望まれます。そのために行うのが「ソーシャルスキル・トレーニング」です。

　人の心の成長の過程には，9歳前後に大きな山場を迎えることから，「9歳の壁」と呼ばれるものがあります。文部科学省は，「9歳の壁」を，抽象的な思考様式への適応，他者の視点への理解力の発達の課題として「メタ認知」に関わるものと説明しています[※]。具体的には，「自分のことを客観的に捉える」「ものごとを対象化して認識をする」「主体的に関与する」「自己肯定感を持つ」ことを発達の課題として挙げています。

　この9歳の壁を上手く越えているか（＝メタ認知力を身に付けているか），その後の人間関係や社会生活に大きく関わってきます。9歳前後に他者の視点への理解力などの必要なメタ認知力が身に付いてくれば，小学校を卒業する頃には社会的に望ましい振る舞いができるようになってきます。

　しかし，中高生になっても十分なメタ認知力が身に付いていないと，「私はこう感じた。だからそうする」と主観的な感情のままに行動することになります。不適切な行動であっても，本人に悪気はありません。自分の考え方や行動が適切なのかを推し量るメタ認知が未熟なため，真に主体的な行動（客観的な分析に基づく行動選択）ができないのです。メタ認知力を育む，「客観性」「対象化」「主体性」「自己肯定」を踏まえたソーシャルスキル・トレーニングが必要になります。

---

※平成21年「子どもの徳育に関する懇談会」https://www.mext.go.jp/b_menu/shingi/chousa/shotou/053/gaiyou/attach/1283165.htm

## ■ スキリング・ワークシートのねらい

「客観性」「対象化」「主体性」が身に付いていないと自己中心的な行動が起こります。例えば,

❶ 自分の思いや感情が一番大切で（客観性がない）
❷ 相手や周囲の不利益を考えず（対象化しない）
❸ 状況や感情に振り回された行動をする（主体性がない）

といったことがあります。また,

❶ SNSやゲームが一番大切で（客観性がない）
❷ 自分の将来や周囲の心配を考えず（対象化しない）
❸ 引きこもり生活をする（主体性がない）

などにつながり,やはり,社会生活に適さないことになります。

このような行動は中高生だけでなく,社会全体で見られる問題です。不適切な考え方や行動のパターンは,メタ認知が適切に育まれない要因となる「誤学習（誤った学び方,誤った思考や行動の習得）」の蓄積があった場合に起こりやすくなります。特に,成育環境の問題や発達に課題がある中高生の場合,メタ認知力が適切に育まれにくいために,

● 視野が狭い。視点を変えない。　➡　自分の感情に固執する。
● 想像力が弱い。先を見通さない。➡　場当たり的で刹那的な行動をする。
● 主観的な損得勘定をする。　　　➡　社会的,利他的な価値に気付かない。

など,誤学習が強固にパターン化されていることもあります。

このような場合,指導者が一方的に「こうしなさい」と教示しても受け入れてはくれないでしょう。適切なトレーニングを地道に繰り返すことによって,本人のものごとの捉え方を主観から客観に転換（パラダイム・シフト）し,自らが行動を変容させること（インサイド・アウト）が必要です。

一方,「自己肯定」は,客観的な分析や主体的な行動選択を支える心の土台です。自分を嫌いだとか,自分に価値がないと感じていると,社会的に意味のある行動に向かうモチベーションが得られません。自分の特性のプラス面もマイナス面も,どちらも肯定的に受容することができてこそ,より良い社会生活を営むことができます。

スキリング・ワークシートは,このような背景のもと,「客観性」「対象化」「主体性」「自己肯定」といったスキルを身に付けるトレーニング教材が必要だとの思いで,主に中高生を対象にしてワークシート化したものです。

例えば,自己肯定スキルのトレーニングとしては,「No.1101　自尊感情チェック①」といった自分の内面や行動を見直すワークや,「No.1114　学習の苦手①」といった望ましい振る舞いを判断するワーク,「No.1119　やる気のマトリックス」といった自分の思いや特性を可視化するワーク,「No.1123　過敏なことがある②」といった具体的な言動を考えるワークなど,様々なスタイルのワークシートがあり,学習者の状況や特性に合った内容を組み合わせながら,多面的にトレーニングすることができます。

# スキリング・ワークシートの使い方

　ソーシャルスキル・トレーニングに必要なことは，学習者が抱える課題を学習者と指導者が理解して，ワークを行い，自己評価をしたりフィードバックを受けたりしながら，最終的に定着と汎化を図ることです。スキリング・ワークシートは，課題の把握から自己評価までをカバーする教材です。

　すべての領域や項目を順番に行う必要はありません。学習者が必要とする領域や項目を見つけ，学習者に合ったワークシートを選択して取り組みます。ワークシートを使ったトレーニングは，以下の5つのステップで進めます。

## ステップ-1　総合スキルチェックで学習者の課題を把握する

　最初に，総合スキルチェックを行います。これは，学習者がソーシャルスキルの何が得意で何が苦手かを自己評価するものです。

　「自己理解」をテーマとしたスキルには，自己肯定スキル，感情理解スキル，実行機能スキル，ストレス対処スキル，認知行動スキルがあります。また「社会適応」をテーマとしたスキルには，コミュニケーションスキル，アサーションスキル，集団参加スキル，社会生活スキル，ネット社会生活スキルがあります。

　この全10領域についてチェックし，その後，学習者のスキルや特性をレーダーチャートで可視化します。この図を見て，重要な領域を見つけ出したり，特に注目すべき質問項目をピンポイントで確認したりします。学習者が取り組むべきスキルが見つかったら，次のステップへ進みます。

**チェックシートで自己評価**

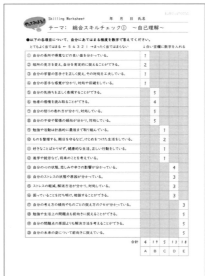
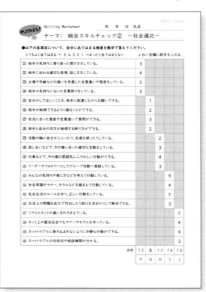

**結果をレーダーチャートに記入**

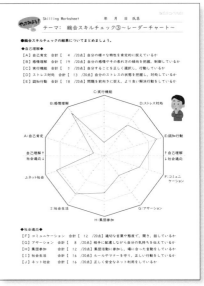

## ステップ-2 必要なワークを選び，トレーニングの進め方を確認する

　ステップ1で学習者のスキルの傾向が分かったら，その領域から特に重要なワークを選びます。他の領域でも，学習者が向上したいと思う部分や指導者が重要だと考える部分を選びます。トレーニングの進め方は，「指導のポイント」「ワークシートの進め方」を確認してください。

　時間がある場合は，ステップ3に進む前に，プラスαもやってみてください。

★すべてのワークシートはPDFと編集して使えるPowerPointのデータがダウンロードできます。2章の各項目に掲載されているQRコードもしくはURLにアクセスし，必要なワークシートをダウンロードし，プリントアウトして使ってください。

## プラスα

　時間に余裕があるなら，トレーニングが必要だと判断した領域について詳細なチェックを行います。各領域のはじめや途中に，詳細なスキルチェックシートがあります（例えば「自己肯定」領域では「No.1101　自尊感情チェック①」，「ストレス対処」の領域では「No.1407　ストレス耐性チェック①」）。このシートを用いて学習者の特性や傾向，持てるスキルについてより詳しく探ってみます。自己課題の詳細を可視化することで，スキル習得への意識も高まります。

## ステップ-3 ワークシートに取り組む

　プリントしたワークシートに取り組みます。指導者も学習者も，ポジティブな言葉を使い，学習者が前向きに考えられるようにすることが大切です。そして，学習者の特性や状況に合わせて取り組んでいきます。ソーシャルスキル・トレーニングは「普通はこうするべき」と思いがちですが，学習者にとっては苦痛に感じることや無理なこともあります。大切なことは学習者が実践可能なスキルを身に付けることです。

　ワークシートは複数用意されていますので，実際の状況に応じて適切なものを選んで取り組みます。必要に応じて他の領域の関連するワークシートを併用すると効果的です。

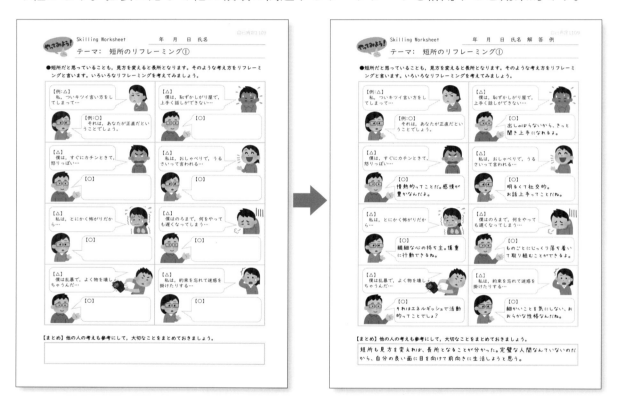

## ステップ-4　トレーニングを振り返る

　ほとんどのワークシートは最後に【まとめ】の欄があります。ここに，活動を振り返って学習者が気付いたことを肯定的な言葉でまとめてもらいます。一緒に活動した他の学習者と相互評価を行うのも有効です。お互いの良い点を共有できるようにします。

　また，指導者からのフィードバックも重要です。学習者の良いところや成果を強調し，改善すべき点には具体的なアドバイスを与えます。指導者もポジティブな言葉を使い，前向きな指導を心がけます。

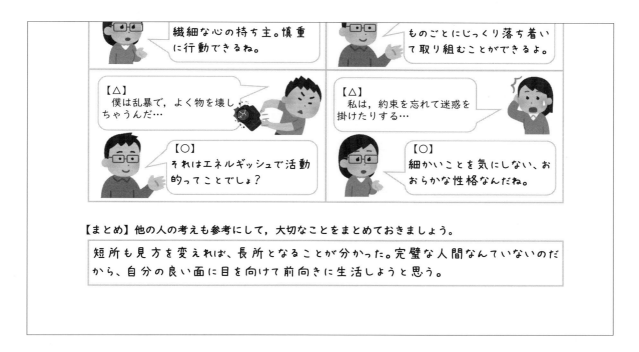

## ステップ-5　実際の生活に応用する

　ワークシートを使って身に付けたソーシャルスキルは，実際の生活に役立つようにする必要があります。学習者がワークを通じて身に付けたソーシャルスキルの知識や成果を，日常の中で実際に活かせるように支援します。ステップ4で振り返った内容やフィードバックされた行動指針について，どのように実践しているかを確認します。学習者ができるようになったことは具体的な言葉で褒めます。学習者が実際の生活での経験から学び，自分の成長に気付くことで，スキルの定着と汎化が進みます。

　課題が残る場合は，再びトレーニングを行います。ほとんどの課題に対して複数のワークシートが用意されていますので，異なるアプローチで学ぶことができます。

活用のヒント ❶

# ソーシャルスキルが身に付くまでの5つのフェーズ

　社会的なスキルが身に付くまでに，以下の5つのフェーズがあります。これらのフェーズを通して，学習者自らが「気付き」を得ることで，望ましい捉え方への転換や，自己の内面からの行動変容を促します。

### フェーズ❶　立ち止まる＝感情に囚われている自分にストップを掛ける

　感情に支配された行動は社会的に不適切な状況を引き起こすことがあります。しかし，感情は生理現象であり，それを完全に制御することは難しいでしょう。社会的な行動を適切に発揮するためには，感情に支配された状態から抜け出し，客観的に行動を選択する能力が必要です。

　立ち止まるためには，まず自分が感情に囚われていることに気付くことが重要です。そして，自分の行動をコントロールする方法を身に付ける必要があります。そのためには，自己理解が不可欠です。スキリング・ワークシートには，「No.1101　自尊感情チェック①」などの自己を探るもの，「No.1501　ものごとの捉え方の傾向チェック①」などのものごとの捉え方や

行動の特性を探るものなど，学習者が自分自身をよく知るためのチェックを多数用意しました。

また，自己受容や自己肯定感を高めながら，感情に囚われそうな時に自覚することを促し，自分に合った感情の管理方法を見つけるためのワークも含まれています。例えば，「No. 1106 自分の好きと得意」のワークシートでは，自分の好みや得意なことを整理し，受容することができます。さらに，「No. 1216 怒りの温度計」などのワークシートを通して，感情の特性や怒りや悲しみに対する耐性を理解し，「No. 1217 アンガー・マネジメント①」などのワークでクールダウンの方法を学ぶことができます。

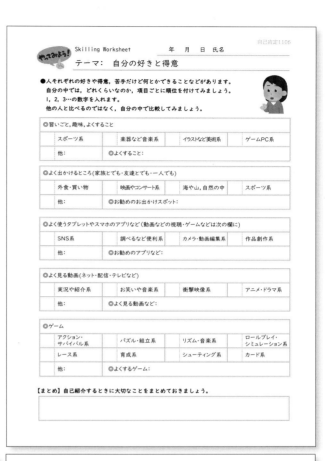

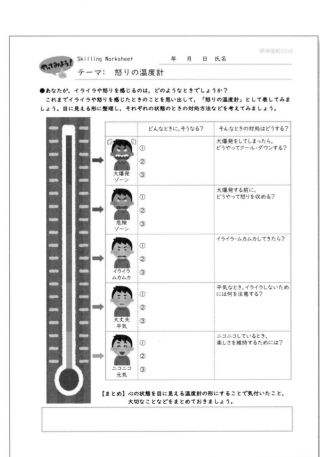

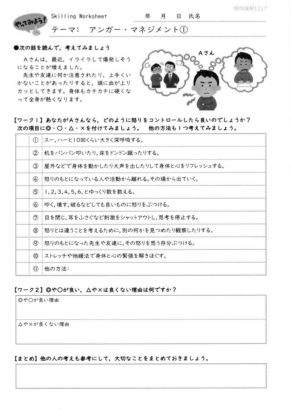

**フェーズ ❷**　　**客観的に捉える＝ものごとを対象化して客観的な分析をする**

　学習者が主観的な感情に支配されたまま行動している場合，「私はＡがいいからＡをする」のような考え方になりがちです。しかし指導者が単に「それは違います。正しいのはＢだから，Ｂをするべきだ」と教えても，学習者の変化は期待できません。学習者が変化するためには，自分が主観的な感情に囚われていることに気付く必要があります。指導者の役割は，学習者にその気付きを促すこと，つまり「気付かせる」ことです。

　「No.1114　学習の苦手①」のワークシートでは，望ましい行動を◎・○・△・×で評価することによって，視野を広げて検討することができます。

　また，学習者が主観的な感情に囚われたままだと，「あなたならどうしますか？」という質問にも，主観的な選択がなされがちです。そのため，ワークシートは，「Ｘさんはどうすると良いでしょうか？」や「ＸさんにＹさんが助言するなら，Ｙさんはどのように言ったら良いでしょうか？」といったメタ認知的な視点で考える形式にしました。

　このフェーズでは，他者やものごとを客観的に分析する能力を養い，次に，「もし自分なら…」と考えることで自己の行動を選択する能力を促します。

　複数の学習者でトレーニングを行う場合は，お互いの考えを共有し検討し合うことも効果的です。


**フェーズ ❸**　　**価値付ける＝社会的な価値付けや内面的な価値付けをする**

　学習者が自分なりの分析をしても，結果的に自己中心的な行動を選択することがあります。例えば，好きなことをしたり嫌なことを避けたりするなど，目先の利益を重視した選択がその一例です。こうした選択は，以下の理由から起こります。

　❶ 選択した結果やその次に起こることを見通す力が弱い。

　❷ 相手や周りに与える影響まで見通す力が弱い。

　❸ 本人の中にある道徳や倫理，常識の価値が相対的に低い。

　このような状況では，客観的な分析に基づく主体的な選択が難しくなります。先の見通しや周囲の影響を考える力が不足している場合は，主観的な利益の追求から，社会的

14

な価値を尊重し、相手や社会全体の利益を考えるトレーニングが必要です。例えば、「No. 2403 言いたいこと言う？」や「No. 2416 みんながするから②」などのワークシートを通じて、学習者に他者の利益を考えることが自分自身にとっても有益であることへの気付きを促します。

　また、学習者の中の道徳的な価値が低い場合は、良い行動の結果として自己の内面的な

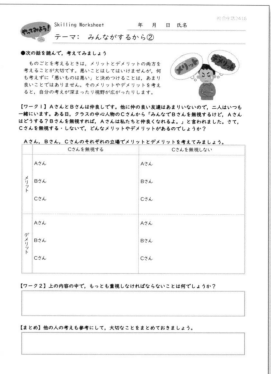

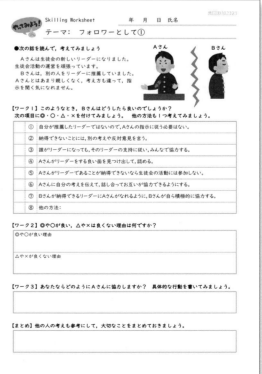

15

変化に気付かせることが重要です。自己充実感や他者の幸福感など，内面的な満足感に価値を置くことで，学習者に良い行動を促します。例えば，「№.2315 チーム対抗のゲームをする」や「№.2321 フォロワーとして①」といったワークシートを通じて，学習者の内面的な価値観を養います。

### フェーズ❹　自分に合った選択をする＝自己を肯定的に捉えて主体的に行動を選択する

　このスキリング・ワークシートが◎・○・△・×で考える選択式を採用した理由の一つは，一般的に◎や○と考えられる行動が，学習者にとって最も良いとは限らないからです。学習者それぞれに得意や苦手があり，様々な状況下では，学習者の持っている力だけでは社会的な行動を取るのが難しいことがあります。そのような状況では，社会的な価値が低くても，自分の現状に合った方法を見つけることが必要です。

　例えば，「№.1509 うまくいかない①」のようなワークでは，きちんと最後までやることが一般的には◎とされていますが，心が辛くなるほど無理をしてまでやるよりは，忘れてしまうことが学習者にとっての◎になるかもしれません。元気なときや落ち込んでいるときなど，様々な状況で考えることが大切です。社会的な価値が少し低くても，自分にとって価値のある方法を選択することで，長い目で見れば社会的な価値を生み出すこともあります。複数の選択肢を客観的に分析しながら，自分に合った方法を主体的に選択する態度を育てます。

　ここでも，指導者は「これが合っている」と押し付けるべきではありません。学習者が自ら考えて選択する力を養しなうことが重要です。自己の考え方から選択する力を育てることで，実践意欲を高めます。

### フェーズ❺　行動する＝望ましい振る舞いを実践する

　最後に大切なのは，望ましい行動を実現するための実践テクニックです。前のフェーズを経て学習者が主体的な行動を選んだとしても，実践テクニックが不足しているとうまくいかないことがあります。

　例えば，目上の人を敬うことができても，敬語を知らなければ適切な表現ができません。

また，相手を全否定するような攻撃的な反論や，相手に合わせてしまう防御的な態度を避けることができても，自分の意見をうまく提案する方法をシミュレーションしておかなければ，上手く意見を伝えることはできません。

　「No. 2113 さわやかな言葉遣い①」などの具体的なコミュニケーション・スキル，「No. 2216 アサーティブな言い方①」などの具体的なアサーション・スキル，「No. 2304 友達に話し掛ける②」などの具体的な集団参加スキルなど，それぞれの場面での望ましい言動について具体的なセリフを考えるシミュレーション・ワークを多数用意しました。これらのワークシートは，学習者が選択肢からセリフを選んだり，自分でセリフを記述してみたりするだけではなく，そのセリフを学習者自身が声に出して読み上げてみる，気持ちを込めて表現してみる，セリフのやり取りを学習者と指導者でロールプレイしてみるなど実践的なトレーニングにすることによって，より効果的なものになるでしょう。

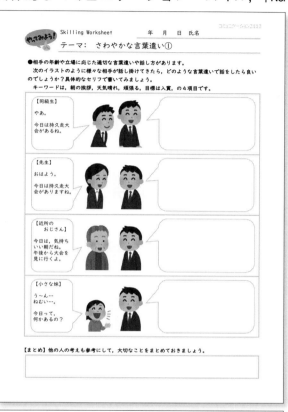

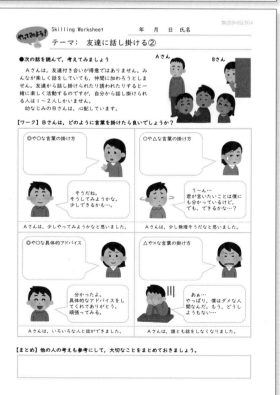

| 活用のヒント ❷ |

# [実践事例] 自立活動 「怒りのコントロール」

**トレーニングの５つのステップに沿った自立活動単元の構成**

　自立活動の目的の一つは，生徒が自分の課題を改善・克服するための技能や態度を身に付けることです。スキル・トレーニングは，その目的を達成するための有効な手段であり，スキリング・ワークシートがその教材となります。スキリング・ワークシートを使って自立活動を進める際は，トレーニングの５つのステップに沿うと効果的です。その一例として，怒りの感情コントロールに課題がある生徒の指導事例を紹介します。

**トレーニングの５つのステップ**（P8〜11参照）

| ステップ-1 | 総合スキルチェックで学習者の課題を把握する

| ステップ-2 | 必要なワークを選び，トレーニングの進め方を確認する

| ステップ-3 | ワークシートに取り組む

| ステップ-4 | トレーニングを振り返る

| ステップ-5 | 実際の生活に応用する

## 単元名　「怒りのコントロール」

| 生徒の実態 | | 自分の活動がうまくいかないときや他者からの指摘に対して，イライラを募らせて言動が粗暴になったり，怒りを相手にぶつけたりする。 |
|---|---|---|
| 単元のねらい | | 自らの怒りの傾向を知り，好ましい対処方法を身に付ける。 |
| 関連する<br>自立活動の内容<br>（学習指導要領より） | | 2 心理的な安定 (1) 情緒の安定に関すること<br>3 人間関係の形成 (3) 自己の理解と行動の調整に関すること<br>6 コミュニケーション (5) 状況に応じたコミュニケーションに関すること |
| 単元の構成<br>（３時間） | 第1時 | (1) 怒りが2次感情であることを知る<br>(2) 怒りの対処について様々な方法を考える |
| | 第2時 | (3) アンガー・マネジメント・状況シミュレーション<br>(4) アンガー・マネジメント・身体エクササイズ |
| | 第3時 | (5) 自分の怒りの傾向と対処を考える<br>(6) まとめ　怒りの捉え方 |
| 活用する<br>スキリング・<br>ワークシート | | (1) 怒りの傾向チェック①②　No. 1214，No. 1215<br>(2) アンガー・マネジメント①　No. 1217<br>(3) アンガー・マネジメント③④　No. 1219，No. 1220<br>(4) リラックス法①②　No. 1227，No. 1228<br>(5) 怒りの温度計　No. 1216<br>(6) 怒りのマトリックス　No. 1221 |

| | | 第 1 時 | |
|---|---|---|---|
| | 活用シート | 学習活動 | 指導の留意点 |
| 導入 5分 | 総合 スキルチェック・ レーダーチャート | **ステップ1▶** これまでに実施した総合スキルチェックから自分の課題を再確認する。 | 本時の主題となる「怒り」について課題があることを把握させる。 |
| 展開1 20分 | 怒りの傾向 チェック①② No.1214, No.1215 | **ステップ2▶＋α** 自分の怒りのもとになっていることを，正義感・白黒志向・プライド・こだわり・心配性・自由奔放のいずれであるかを確認する。 | 怒りは2次感情であることを説明する。怒りを生む状況の1次的な捉え方の傾向を把握させて，アンガーマネジメントに生かせるようにする。 |
| 展開2 20分 | アンガー・ マネジメント① No.1217 | **ステップ3▶** ◆ステップ2で確認した自分の怒りの傾向を踏まえ，自分だったらどのように怒りに対処するか考える。 ◆怒りの表出や対処の仕方について，良し悪しを吟味する。 | 怒りが生まれた状況でどのような表現や制御をするのか，選択肢の一つ一つを検証させる。吟味させる際には他者視線を促してメタ認知の向上を図る。 |
| まとめ 5分 | アンガー・ マネジメント① No.1217 | **ステップ4▶** ◆指導者のフィードバックを受けながら，新たな気付きを中心にしてワークシートの【まとめ】を記入する。 | 怒りの表出や制御について多様性の気付きを促し，自ら試してみようかと意識付ける肯定的なフィードバックを行う。 |

| | | 第 2 時 | |
|---|---|---|---|
| | 活用シート | 学習活動 | 指導の留意点 |
| 導入 5分 | 前時使用シート | **ステップ2▶** 前時の内容を振り返る。 ・自分の怒りの傾向 ・怒りの表出と制御の良し悪し | 自分の怒りの傾向と，怒りの表出や制御の方法について検討したことを再確認させる。 |
| 展開1 20分 | アンガー・ マネジメント③④ No.1219, No.1220 | **ステップ3▶** ◆状況シミュレーション・ワーク1 選択肢を吟味しながら，怒りの対処方法を考える。 ◆状況シミュレーション・ワーク2 具体的な怒りの対処方法を考える。 ◆対処方法についてまとめる | 前時の内容を振り返りつつ，様々な方法があることを確認し，選択肢の吟味から始めて，より具体的な対処方法を自らに重ねて考えさせる。肯定的な言葉掛けを行い，実践意欲を養う。 |
| 展開2 20分 | リラックス法①② No.1227, No.1228 | **ステップ3▶** ◆カウント呼吸法の試行 丹田式呼吸法の試行 ◆漸進的筋弛緩法の試行 | 指導者がモデルとなって実際に見せ，その後，生徒と一緒に試行する。落ち着いた静かな雰囲気の中で，ゆったり行う。その都度，効果の実感を確かめる。 |
| まとめ 5分 | 本時に使用したシート | **ステップ4▶** ◆指導者のフィードバックを受けながら，対処方法の効果を視点にしてワークシートの【まとめ】を記入する。 | 感情の制御には，現場を離れて反応を抑制することや，身体のコントロールが有効であることを再確認する。 |

| 第3時 | | | |
|---|---|---|---|
| | 活用シート | 学習活動 | 指導の留意点 |
| 導入<br>5分 | 前時使用シート | ステップ1▶<br>前時の内容を振り返る。<br>• 状況シミュレーション<br>• リラックス法 | 怒りの対処には，どのような方法があったのか，心と身体の面から再確認させる。 |
| 展開1<br>20分 | 怒りの温度計<br>No. 1216 | ステップ2▶<br>◆これまでの学習シートを確認する。<br>• 何が怒りのもとになるのか<br>• どのようなレベルの怒りか<br>• 2次感情の怒りをどう抑制するかなどについて，自分事として，再検討する。 | 怒りを引き起こした1次的な状況に応じた対処や，怒りのレベルに応じた対処など，生徒にとって実践可能な方法を具体的に考えさせる。 |
| 展開2<br>20分 | 怒りのマトリックス<br>No. 1221 | ステップ3▶<br>◆これまで確認してきた，怒りの状況や対処などについて，そもそも「怒り」として対処することなのか，忘れ去る方が得策なのか，「認知」の仕方を考えてみる。 | 感情コントロールの総仕上げとして，そもそも感情的な反応を起こさない，ものごとの認知の仕方について認知行動療法的なアプローチをする。 |
| まとめ<br>5分 | 本時に使用したシート | ステップ4▶<br>◆指導者のフィードバックを受けながら，実生活で「すること」を具体的に考え，ワークシートの【まとめ】を記入する。 | 怒りに振り回されないものごとの認知，感情の制御方法など，様々な学びの中から，自分にできること，今からできることを具体的に挙げさせる。<br>ステップ5▶<br>日々の実践を促す。 |

# 2章

# 総合スキルチェック&
# スキリング・ワークシート

★すべてのワークシートは PDF と編集して使える PowerPoint のデータがダウンロードできます。2章の各項目に掲載されている QR コードもしくは URL にアクセスし、必要なワークシートをダウンロードし、プリントアウトして使ってください。

# 総合スキルチェック

2テーマ10領域40項目218シートの中から，どのワークに取り組むか。まずはこちらの総合スキルチェックに取り組み，学習者の課題を把握しましょう。

https://www.kyoikushinsha.co.jp/download/Skillingworksheet_data/skillcheck/kXgQRpFsW49J4pdrQH.html

---

## テーマ： 総合スキルチェック① ～自己理解～

●以下の各項目について，自分にあてはまる程度を数字で答えてください。
とてもよく当てはまる ← 5 4 3 2 1 → まったく当てはまらない　　↓白い空欄に数字を入れる

① 自分の長所や得意などの良い面を分かっている。
② 短所の見方を変え，自分を肯定的に捉えることができる。
③ 自分の学習の苦手さを正しく捉え，その対処を工夫している。
④ 自分の苦手な感覚が分かり，対処や回避をしている。
⑤ 自分の気持ちを正しく表現することができる。
⑥ 他者の感情を読み取ることができる。
⑦ 自分の怒りの表れ方が分かり，対処している。
⑧ 自分の不安や緊張の傾向が分かり，対処している。
⑨ 勉強や活動は計画的に最後まで取り組んでいる。
⑩ ものを整理する，期日を守るなど，けじめをつけた生活をしている。
⑪ 好きなことばかりせず，健康的な生活，正しい行動をしている。
⑫ 進学や就労など，将来のことを考えている。
⑬ 自分の心の状態，悲しみや辛さの影響が分かっている。
⑭ 自分のストレスの状態や原因が分かっている。
⑮ ストレスの軽減，解消方法が分かり，対処している。
⑯ 困っていることを打ち明け，相談することができる。
⑰ 自分の考え方の傾向やものごとの捉え方のクセが分かっている。
⑱ 勉強や生活上の問題点も前向きに捉えることができる。
⑲ 自分の問題点の原因よりも解決方法を考えることができる。
⑳ 自分の未来の姿について前向きに捉えている。

合計　A B C D E

---

## テーマ： 総合スキルチェック② ～社会適応～

●以下の各項目について，自分にあてはまる程度を数字で答えてください。
とてもよく当てはまる ← 5 4 3 2 1 → まったく当てはまらない　　↓白い空欄に数字を入れる

㉑ 相手の気持ちに寄り添った聞き方をしている。
㉒ 相手に伝わる適切な表現，話し方をしている。
㉓ 立場や年齢などの違いを考慮した言葉遣いや態度をしている。
㉔ 相手の気持ちに沿った言葉掛けをしている。
㉕ 自分のしてほしいことを，相手に配慮しながらお願いできる。
㉖ 相手が納得できるように謝ることができる。
㉗ 状況に合った態度や言葉遣いで質問ができる。
㉘ 相手と自分の双方が納得する断り方ができる。
㉙ 活動の輪に自分から入ったり，友達を誘ったりしている。
㉚ 話し合いなどで，その場に合った適切な言動をしている。
㉛ 行事などで，その場の雰囲気にふさわしい行動ができる。
㉜ リーダーやフォロワーとしてグループ活動に貢献している。
㉝ みんなの気持ちや感じ方などを考えて行動している。
㉞ 社会常識やマナー，モラルなどを踏まえて行動している。
㉟ 社会生活のルールを守り，正しい行動をしている。
㊱ 生活上の問題を自力で対応したり助けを求めたりして解決できる。
㊲ リアルとネットの違いをわきまえている。
㊳ ネット上の匿名社会でもマナーやモラルを守っている。
㊴ ネットトラブルに巻き込まれないように冷静な行動ができる。
㊵ ネットトラブルの対処法や相談機関が分かる。

合計　F G H I J

---

## テーマ： 総合スキルチェック③～レーダーチャート～

●総合スキルチェックの結果についてまとめましょう。

◆自己理解◆
【A】自己肯定　合計【　　/20点】自分の様々な特性を肯定的に捉えているか
【B】感情理解　合計【　　/20点】自分の感情やその表れ方の傾向を把握，制御しているか
【C】実行機能　合計【　　/20点】自分することを正しく選択し，行動しているか
【D】ストレス対処　合計【　　/20点】自分のストレスの状態を把握し，対処しているか
【E】認知行動　合計【　　/20点】問題を前向きに捉え，より良い解決行動をしているか

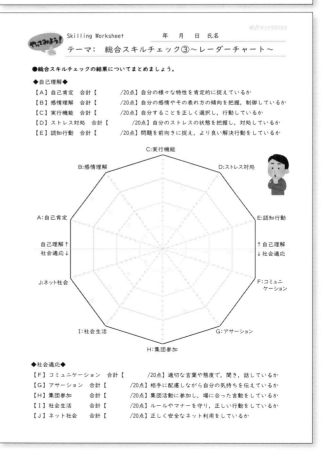

◆社会適応◆
【F】コミュニケーション　合計【　　/20点】適切な言葉や態度で，聞き，話しているか
【G】アサーション　合計【　　/20点】相手に配慮しながら自分の気持ちを伝えているか
【H】集団参加　合計【　　/20点】集団活動に参加し，場に合った言動をしているか
【I】社会生活　合計【　　/20点】ルールやマナーを守り，正しい行動をしているか
【J】ネット社会　合計【　　/20点】正しく安全なネット利用をしているか

## 自己理解 をテーマとしたスキル
# 1-1 自己肯定スキル

【 項 目 】
▶ 長所や得意を知るワーク
▶ 短所のリフレーミング・ワーク
▶ 学習の苦手に対処するワーク
▶ 苦手な感覚に対処するワーク

https://www.kyoikushinsha.co.jp/download/Skillingworksheet_data/1-1/EgGDQoQtnPoPhw9LYu.html

## 【 指 導 の ポ イ ン ト 】

　自己肯定スキルは，自己肯定感，自己価値感，自己効力感，自己存在感の4つの要素から成り，自分自身の内面に大きな影響を与えます。これらの感情や意識が低いと，自信を持てず，他者との交流に消極的になるなど，学校生活や社会での人間関係に悪影響が出やすくなります。そこで，学習者がこれらの感情や意識を向上させるための指導が重要になります。

　自己肯定感を高めるためには，ポジティブな言葉を使い，自分を受け入れ，他者と比較しないことを意識するよう促します。また，小さな成功体験を積むことも効果的です。

　自己価値感は，学習者の強みに焦点を当て，自己評価を高めることで育てます。将来の目標を明確にし，自分を尊重する姿勢を養うことも大切です。

　自己効力感を得るためには，達成可能な目標を設定し，成功体験を他者と共有することが重要です。また失敗も学びとして価値を見出すことも大切です。

　自己存在感を高めるには，自分に優しくなり，自分が唯一無二の存在であると気付くことが必要です。他者とのつながりを意識し，感謝する心を持つことも，大切な要素です。

自己理解

1-1

自己肯定スキル

長所や得意を知るワーク

# ▶ 長所や得意を知るワーク

## ワークシートのねらい

自分の長所や得意などの良い面を知る。

## ワークシートのリスト

☐ No.1101 自尊感情チェック①　　☐ No.1105 自分のことランキング②
☐ No.1102 自尊感情チェック②　　☐ No.1106 自分の好きと得意
☐ No.1103 自分の長所を知る　　　☐ No.1107 スタートの様子はどう？
☐ No.1104 自分のことランキング①　☐ No.1108 1年間を振り返ろう

### ●ワークシートの進め方

　中高生の多くは，自分の長所を見つけるのが苦手です。自己肯定感を高めるためには，まず自分の長所や得意なことをしっかりと認識することが大切です。自分の良いところを再確認することで，自分に対するポジティブな態度を保ち，自信を持って自分を主張したり，得意な分野で成功体験を積み重ねたりできるようになります。自己肯定感が高まると，学習や人間関係など様々な場面で自分の強みを生かすことができるため，自己実現にもつながります。また，自分の長所や強みを知ることは，自分の短所や弱みに対処する力も高めます。

　ワークを進める際には，まず学習者の自己肯定感や自尊感情の傾向を確認しておくことが望まれます。「No.1101 自尊感情チェック①」「No.1102 自尊感情チェック②」を活用し，自己肯定感や自己効力感，自己価値感，自己存在感などを明確にします。自分の長所や得意なことを客観的に見るために，周りの人に尋ねることも役立つでしょう。

　「No.1103 自分の長所を知る」では，学習者が自分を表現するための言葉を見つけます。長所や強みを表現する言葉を知ることは，自分の良い面を知ることにつながります。さらに，「No.1104 自分のことランキング①」「No.1105 自分のことランキング②」「No.1106 自分の好きと得意」のワークを通じて，自分の好きなことや得意なことを再確認し前向きに自己理解を深めていきます。

　新学期の始まりや終わりには，「No.1107 スタートの様子はどう？」「No.1108 1年間を振り返ろう」のワークが，自己肯定感を高めるための取り組みや振り返りに役立ちます。

# No. 1101 自尊感情チェック①

# No. 1102 自尊感情チェック②

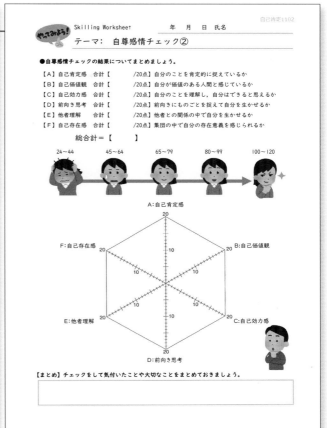

# No. 1103 自分の長所を知る

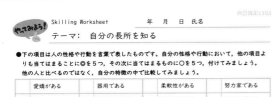

# No. 1104 自分のことランキング①

自己理解

## 1-1 自己肯定スキル ― 長所や得意を知るワーク

自己理解

1-1 自己肯定スキル ― 長所や得意を知るワーク

## No. 1105 自分のことランキング②

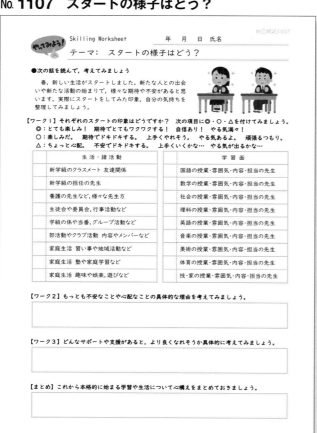

## No. 1106 自分の好きと得意 ●解答例アリ

## No. 1107 スタートの様子はどう？

## No. 1108 1年間を振り返ろう

# ▶ 短所のリフレーミング・ワーク

## ワークシートのねらい

短所の見方を変え, 自分を肯定的に捉えることができるようになる。

## ワークシートのリスト

- □ No.**1109** 短所のリフレーミング①
- □ No.**1110** 短所のリフレーミング②
- □ No.**1111** 短所のリフレーミング③

## ●ワークシートの進め方

　短所は誰にでもあり, それらをポジティブに考えることが大切です。学習者が自分に厳しくなりすぎず, 自分の弱点を受け入れつつ, 前向きに取り組むことが成長につながります。自己肯定感が高い場合は, 失敗にも前向きに取り組み, 改善に努められる傾向がありますが, 自己肯定感が低い場合は, 失敗を受け入れられず自信を失ったり, 行動力が低下したりする可能性があります。自分の短所をポジティブに見つめることで, 学習者が自らを励まし, 成長できるようになります。

　そのためには, まずは事物の両面を見ることや, 違った言葉で表現する練習が必要です。短所のリフレーミング・ワークでは, 「No.1109 短所のリフレーミング①」「No.1110 短所のリフレーミング②」「No.1111 短所のリフレーミング③」の3つのシートを用意しています。これらのワークを通じて, 短所をポジティブに捉えることを促します。

　言葉の置き換えに関しては, 「No.1103 自分の長所を知る」ワークが役立ちます。そこでは多くのポジティブな言葉が提示されています。また, リフレーミングだけでなく, 短所は改善できるという前向きな考え方を持たせたり, 苦手なことに取り組むことで成長できる可能性を伝えたりすることも大切です。

　ものの見方や考え方, 自分自身の捉え方を改善するためには, 「No.1503 ミスをしたら①」「No.1509 うまくいかない①」などのポジティブ・シンキング・ワークを併用すると効果的です。

## 自己理解

### 1-1 自己肯定スキル ― 短所のリフレーミング・ワーク

### No. 1109　短所のリフレーミング①　●解答例アリ

### No. 1110　短所のリフレーミング②

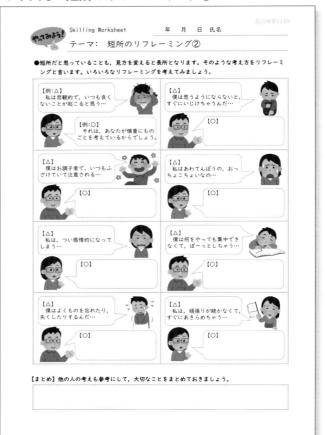

### No. 1111　短所のリフレーミング③

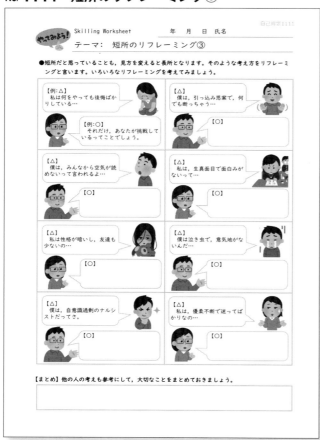

# ▶ 学習の苦手に対処するワーク

## ワークシートのねらい

自分の学習の苦手さを正しく捉え，その対処を工夫する。

## ワークシートのリスト

- ☐ No. **1112** 学習の苦手さチェック①
- ☐ No. **1113** 学習の苦手さチェック②
- ☐ No. **1114** 学習の苦手① 〜計算1〜
- ☐ No. **1115** 学習の苦手② 〜計算2〜
- ☐ No. **1116** 学習の苦手③ 〜書くこと〜
- ☐ No. **1117** 学ぶ意味①
- ☐ No. **1118** 学ぶ意味②
- ☐ No. **1119** やる気のマトリックス

## ●ワークシートの進め方

　中高生にとって，学習の苦手意識は自己肯定感を下げる大きな原因となります。自分の学習の苦手を正しく理解し，対処方法を考えることが必要です。特性に合った適切な学習方法やアプローチを見つけることで，苦手意識を克服し，自己肯定感を高めることができます。逆に，学習者が苦手を無視することは，成長の機会を逃すことになります。

　学習者が苦手意識への対処をするには，まず自身の苦手を正しく理解しておくことが必要です。最初に，「No. 1112 学習の苦手さチェック①」を行い，「No. 1113 学習の苦手さチェック②」のレーダーチャートで可視化し，直感的な理解を促します。その上で，対処方法や改善方法を考えることが重要です。また，「No. 1119 やる気のマトリックス」を使って，自分の好きなことや興味をマトリックス的に可視化することも役立ちます。興味があるが苦手などの位置づけが明確になります。

　また，学習の苦手克服は，義務感や根性論ではなく，まずは学習する意味を自問自答し，理解を深めることが大切です。「No. 1117 学ぶ意味①」では，学ぶことの意味や価値について考えます。「No. 1118 学ぶ意味②」では，学習者がどのように考え，行動すべきかについて学習者の思いを引き出します。

　「No. 1114 学習の苦手①〜計算1〜」「No. 1116 学習の苦手③〜書くこと〜」のワークでは，苦手な学習に対する対処法を工夫したり，相談の必要性への気付きを促したりします。さらに，「No. 1115 学習の苦手②〜計算2〜」では，具体的な行動や好ましい考え方を学びます。また，対処方法だけでなく，学習の苦手さについて理解を深め，自分の弱みを受け入れる態度も促します。

　学習から逃避してしまう場合には，「No. 1303 行動を改善する①」や「No. 1308 課題をする気になれない①」などの実行機能スキルのワークを併用すると効果的です。

---

自己理解

1-1
自己肯定スキル

学習の苦手に対処するワーク

自己理解

1-1 自己肯定スキル ― 学習の苦手に対処するワーク

## No. 1112　学習の苦手さチェック①

Skilling Worksheet　年　月　日　氏名

テーマ： 学習の苦手さチェック①

●以下の各項目について、自分にあてはまる程度を数字で答えてください。
とてもよく当てはまる ← 5 4 3 2 1 → まったく当てはまらない　　↓白い空欄に数字を入れる

① 書籍や新聞など細かい字や図を見ることが辛い。
② 電話番号など一度聞いただけではなかなか覚えられない。
③ 人とおしゃべりするのはあまり好きじゃない。
④ 文字を書くときに形や大きさが整わない。
⑤ 小数の計算で、小数点の打ち方や解答の桁数がおかしくなる。
⑥ 作文やレポートは何を書いたらいいのか悩む。
⑦ 間違い探しなど、なかなか違いに気付かない。
⑧ 長い話だと、話の筋やポイントが分からなくなる。
⑨ 思いついたことが言葉にならないことがある。
⑩ 黒板を書き写すことが苦痛。
⑪ 繰り上がり、繰り下がりの暗算を間違うことがある。
⑫ 地図やグラフなどから、その意味を読み取ることが難しい。
⑬ ものの大小、色、形の違いなど、細かいことは気にしない。
⑭ 話を聞いている最中に他のことを考えてしまう。
⑮ 話の最中に、どう説明したらいいのか混乱することがある。
⑯ 習字、絵やイラストが上手いとは言えない。
⑰ 分数の計算で通分や約分があると混乱する。
⑱ 書籍や論文の大まかな筋や結論などを把握するのが苦手。
⑲ ボールなど早く動くものを目で追っていけなくなることがある。
⑳ 話を聞いただけで、内容を理解したり想像したりすることが難しい。
㉑ 話をするときに、話の順序がおかしくなったり飛んだりする。
㉒ 漢字のつくりや英単語のスペルが怪しいことが多い。
㉓ 文字式や方程式は、計算の途中でミスすることが多い。
㉔ 文章問題や複雑な図形問題の解き方が分からない。

合計　A B C D E F

## No. 1113　学習の苦手さチェック②

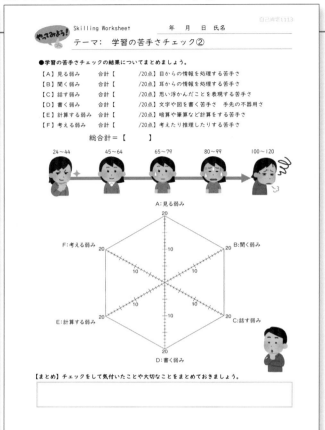

Skilling Worksheet　年　月　日　氏名

テーマ： 学習の苦手さチェック②

●学習の苦手さチェックの結果についてまとめましょう。
【A】見る弱み　合計【　】/20点　目からの情報を処理する苦手さ
【B】聞く弱み　合計【　】/20点　耳からの情報を処理する苦手さ
【C】話す弱み　合計【　】/20点　思い浮かんだことを表現する苦手さ
【D】書く弱み　合計【　】/20点　文字や図を書く苦手さ　手先の不器用さ
【E】計算する弱み　合計【　】/20点　暗算や筆算など計算をする苦手さ
【F】考える弱み　合計【　】/20点　考えたり推理したりする苦手さ

総合計＝【　】

24～44　45～64　65～79　80～99　100～120

【まとめ】チェックをして気付いたことや大切なことをまとめておきましょう。

## No. 1114　学習の苦手①　～計算1～　●解答例アリ

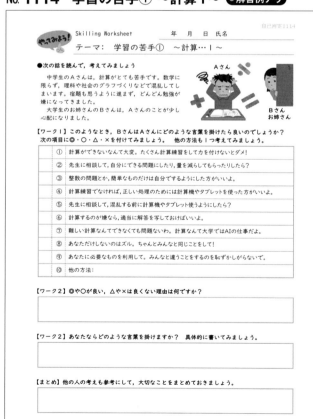

Skilling Worksheet　年　月　日　氏名

テーマ： 学習の苦手①　～計算…1～

●次の話を読んで、考えてみましょう。

中学生のAさんは、計算がとても苦手です。数学に限らず、理科や社会のグラフづくりなどで混乱してしまいます。宿題も思うように進まず、どんどん勉強が嫌になってきました。
大学生のお姉さんのBさんは、Aさんのことが少し心配になりました。

【ワーク1】このようなとき、BさんはAさんにどのような言葉を掛けたら良いのでしょうか？ 次の項目に◎・○・△・×を付けてみましょう。　他の方法も1つ考えてみましょう。

① 計算ができないなんて大変。たくさん計算練習をして力を付けないとダメ！
② 先生に相談して、自分にできる問題にしたり、量を減らしてもらったりしたら？
③ 整数の問題とか、簡単なものだけは自分で守るようにした方がいいよ。
④ 計算練習でなければ、正しい処理のためには計算機やタブレットを使った方がいいよ。
⑤ 先生に相談して、混乱する前に計算機やタブレット使うようにしたら？
⑥ 計算するのが嫌なら、適当に解答を写しておけばいいよ。
⑦ 難しい計算なんてできなくても問題ないわ。計算なんて大学ではAIの仕事だよ。
⑧ あなただけしないのはズル。ちゃんとみんなと同じことをして！
⑨ あなたに必要なものを利用して、みんなと違うことをするのを恥ずかしがらないで。
⑩ 他の方法：

【ワーク2】◎や○が良い、△や×は良くない理由は何ですか？

【ワーク2】あなたならどのような言葉を掛けますか？ 具体的に書いてみましょう。

【まとめ】他の人の考えも参考にして、大切なことをまとめておきましょう。

## No. 1115　学習の苦手②　～計算2～

Skilling Worksheet　年　月　日　氏名

テーマ： 学習の苦手②　～計算…2～

●次の話を読んで、考えてみましょう。

中学生のAさんは、計算がとても苦手です。特に小数や分数、理科や社会のグラフづくりなどで混乱してしまいます。計算の宿題が出ても、どうしていいか、分かりません。
大学生のお姉さんのBさんは、Aさんのことが少し心配になりました。

●Bさんは、どのような言葉を掛けたらいいのでしょうか？

適当に解答を写しておけばいいよね。どうせ自分ではできないしさ。
◎や○な言葉の掛け方

計算が出てくると間違ってばかりで…もう面倒だし、やらなくてもいいかな？
◎や○な言葉の掛け方

言われた通りにはできないよ。みんなと違うのは嫌だし…
◎や○な言葉の掛け方

計算がなんだよ！こんなもの、やらなくてもいいさ！
△や×な言葉の掛け方

【まとめ】他の人の考えも参考にして、大切なことをまとめておきましょう。

## No.1116 学習の苦手③ ～書くこと～

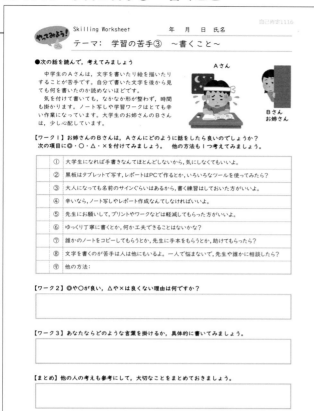

## No.1117 学ぶ意味①

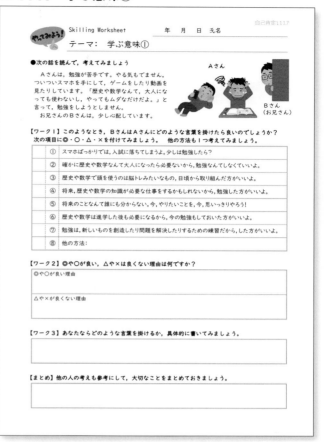

## No.1118 学ぶ意味②

## No.1119 やる気のマトリックス

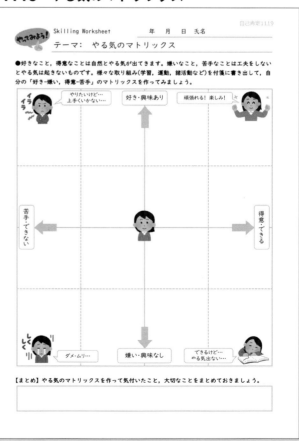

# ▶ 苦手な感覚に対処するワーク

## ワークシートのねらい

自分の苦手な感覚が分かり, 対処や回避ができるようになる。

## ワークシートのリスト

☐ No. **1120** 感覚の過敏さチェック①

☐ No. **1121** 感覚の過敏さチェック②

☐ No. **1122** 過敏なことがある①

☐ No. **1123** 過敏なことがある②

### ●ワークシートの進め方

学習者が自分の苦手な感覚を理解し, 適切に対処することは, 自己肯定感を高める上で大切なスキルとなります。まずは, 学習者が苦手な感覚を正しく把握することが必要です。自己理解が深まると, その対処や回避方法を工夫できるようになります。しかし, 常に苦手なことから逃げると, 学習者が自らを過度に制限してしまうかもしれません。苦手な感覚に立ち向かい, 自ら工夫して対処することで, 成長につながることもあります。学習者自身が最適な対処法や適切な回避方法を見つけ, 自信を持って, 自分の可能性を広げられるようサポートします。また, 苦手な感覚に適切に対処することは, ストレスを軽減することにもなります。

適切な対処や回避のスキル向上のためには, まず苦手な感覚が出てくる状況を洗い出すことが必要です。例えば, 「No. 1120 感覚の過敏さチェック①」で光や音など五感に関わる苦手を洗い出し, 「No. 1121 感覚の過敏さチェック②」のレーダーチャートで苦手な感覚を可視化することで, 直感的に自己の特性を理解できます。

「No. 1122 過敏なことがある①」では, 苦手な感覚に対する対処法や相談の必要性への気付きを促します。また, 「No. 1123 過敏なことがある②」では, 学習者が日常でできそうな具体的な行動を考えるとともに, そのような特性に対する理解や自分の弱みを受容する態度を養います。さらに, 負の感覚が出てくる前にリラックスする方法や, 適切な態度で回避を申し出る方法なども考えていきます。

なお, 苦手な感覚に関連する心身の不調に対処するためには, 「No. 1227 リラックス法①〜カウント呼吸法〜」「No. 1228 リラックス法②〜漸進的筋弛緩法〜」のストレス対処スキルのワークを併用すると効果的です。

## No. 1120 感覚の過敏さチェック①

## No. 1121 感覚の過敏さチェック②

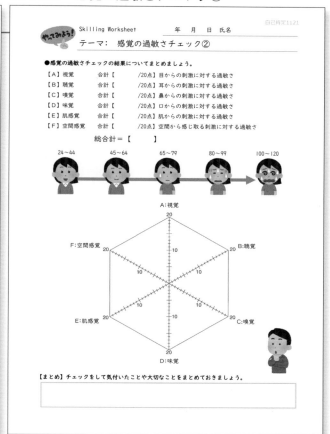

## No. 1122 過敏なことがある①

## No. 1123 過敏なことがある② ●解答例アリ

自己理解

1-1 自己肯定スキル — 苦手な感覚に対処するワーク

34

## 自己理解 をテーマとしたスキル
# 1-2　感情理解スキル

【 項 目 】
- ▶ 気持ちを表現するワーク
- ▶ 他者の感情を読み取るワーク
- ▶ アンガー・マネジメント・ワーク
- ▶ 不安や緊張に対処するワーク

https://www.kyoikushinsha.co.jp/download/Skillingworksheet_data/1-2/6XvyKLRtoX5YoSuJ8h.html

## 【 指 導 の ポ イ ン ト 】

　感情理解が未熟で他者への配慮が苦手な学習者は，感情的な態度を示しやすく，他人の感情に過剰に反応することがあります。逆に感情を無視することもあります。こうした態度は，学校や社会での人間関係にトラブルを引き起こし，自身のストレスや不安をもたらす可能性があります。感情理解スキルのトレーニングでは，学習者が自分の感情を理解し，それをコントロールしたり，他人の感情に配慮したりする方法を学びます。

　感情をコントロールするには，まず学習者が自分の感情を正しく理解することが必要です。感情が高まっている状況では，冷静になるのは難しいかもしれませんが，自分の感情を客観的に見つめることができるようにします。怒りを感じた場合は，状況を客観的に考えるようにすることで，冷静さを保てるようになります。

　次に，学習者に自分の感情を受け入れることを促します。感情を否定せずに受け入れ，素直に感じることが大切です。感情を受け入れることで，自分の感情をより理解しやすくなります。また，感情が高ぶったときは，その感情に反応するのではなく，落ち着くまで待つことが必要です。感情が落ち着くまでの間に，何をするかを考えるよう促します。例えば，怒りを感じた場合は，活動を一時中断して場を離れるなどの対処法を学びます。

　学習者が自分に対して優しい言葉を使うこともポイントになります。また，感情が高まっているときでも，相手に対して穏やかな言葉で接することが重要です。

　一方で，感情のコントロールのためには，健康的な生活習慣を実践することも大切です。十分な睡眠やバランスの良い食事，適度な運動を心掛け，心身の健康を保つことを促します。

# ▶ 気持ちを表現するワーク

## ワークシートのねらい

自分の気持ちを正しく表現できるようになる。

## ワークシートのリスト

□ No.**1201** 感情と表現の傾向チェック①　　□ No.**1205** オノマトペで感情表現①

□ No.**1202** 感情と表現の傾向チェック②　　□ No.**1206** オノマトペで感情表現②

□ No.**1203** 自分の気持ちを表す言葉①　　　□ No.**1207** 気持ちの環状図

□ No.**1204** 自分の気持ちを表す言葉②

## ●ワークシートの進め方

　学習者が自分の気持ちを適切に表現できることは，感情をコントロールする上でとても重要です。他人に自分の状況を理解してもらうには，気持ちを正しく伝える必要があります。気持ちをうまく表現できないと，他人に自分の感情や考えを伝えるのが難しくなり，誤解やトラブルが生じるかもしれません。また，自分の気持ちを表現することは，自己理解を深め，自己を確立する手段でもあります。

　学習者が自分の気持ちを正しく表現するには，まず自分の感情の傾向を知る必要があります。「No.1201　感情と表現の傾向チェック①」「No.1202　感情と表現の傾向チェック②」では，チェックリストを用いて，感情の状態を数値化したり，感情の表れ方を視覚的に捉えたりして，自分の感情を理解することから始めます。

　また，どのような場面でどのような気持ちになるかを整理し，具体的な状況を振り返る練習も必要です。「No.1203　自分の気持ちを表す言葉①」「No.1204　自分の気持ちを表す言葉②」では，難しい言葉ではなく，分かりやすい言葉を使って状況に応じた気持ちを整理することができます。

　感情を的確に相手に伝えるためには，適切な語彙を使うことが求められます。「No.1205　オノマトペで感情表現①」「No.1206　オノマトペで感情表現②」では，日常的なオノマトペを使った感情表現を練習できます。「No.1207　気持ちの環状図」は，生活状況について尋ねる際に活用すると，学習者の気持ちの整理や感情表現に役立ちます。

## No.1201 感情と表現の傾向チェック①

## No.1202 感情と表現の傾向チェック②

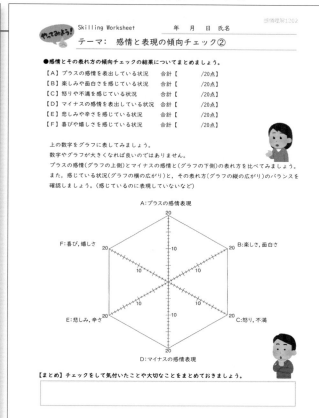

## No.1203 自分の気持ちを表す言葉① ●解答例アリ

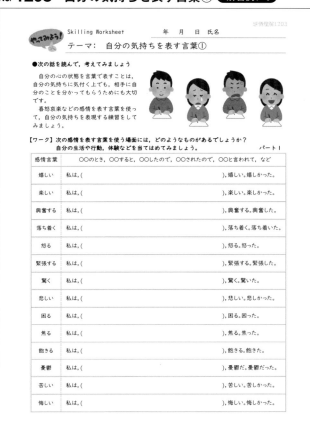

## No.1204 自分の気持ちを表す言葉②

自己理解

1-2 感情理解スキル ― 気持ちを表現するワーク

## 自己理解

### 1-2 感情理解スキル —— 気持ちを表現するワーク

# 他者の感情を読み取るワーク

### ワークシートのねらい

他者の感情を読み取ることができるようになる。

### ワークシートのリスト

☐ No. **1208** 相手の気持ちを読む①　　☐ No. **1211** 相手の気持ちを読む④
☐ No. **1209** 相手の気持ちを読む②　　☐ No. **1212** 相手の気持ちを読む⑤
☐ No. **1210** 相手の気持ちを読む③　　☐ No. **1213** 二人の状況を読む

## ●ワークシートの進め方

　感情理解スキルには，自分自身の感情を正しく認識するスキルと他者の感情を読み取るスキルがあります。これらは表裏一体であり，2つのスキルをバランスよく身に付けることで，より良い人間関係を築くことができるようになります。学習者には，他者の感情を正しく読み取るスキルを育み，相手の立場や気持ちを理解し，適切な対処ができるように促します。また，そのスキル習得によって，改めて自分の感情も正しく把握できるようにもなります。

　他者の感情を読み取るためには，相手の言葉や口調，表情，身振り手振りなどに注目する必要があります。また，これらの特徴を学習者が掴むことで，自らの言動を見つめ直し，自己の感情理解とセルフ・コントロールも可能になります。

　他者の感情を読み取るワークシートは，「No. 1208 ～ 1212 相手の気持ちを読む①～⑤」までの5種類が用意されています。喜怒哀楽の表情がデフォルメされたイラストを使用しており，特徴を確認しながらワークを進めることができます。また，「No. 1213 二人の状況を読む」では，表情の違う二人について気持ちを読み取るだけでなく，その気持ちになる状況を考えるワークも含まれています。感情はエピソードから引き起こされるものであり，状況によっては対立的な感情が生まれることを理解する助けとなります。

　他者の様子について，その状況を自らの経験と照らし合わせて把握することも大切です。学習者自身がどのような状況でどのような感情になり，どのような反応をしたかを振り返ることが必要です。そのためには，他者の気持ちを読み取るワークの前に，「No. 1203 自分の気持ちを表す言葉①」「No. 1204 自分の気持ちを表す言葉②」などの気持ちを表現するワークを行うことが有効です。

## 自己理解

### 1-2 感情理解スキル ── 他者の感情を読み取るワーク

### No. 1208　相手の気持ちを読む① 　解答例アリ

### No. 1209　相手の気持ちを読む②

### No. 1210　相手の気持ちを読む③

### No. 1211　相手の気持ちを読む④

## № 1212　相手の気持ちを読む⑤

## № 1213　二人の状況を読む

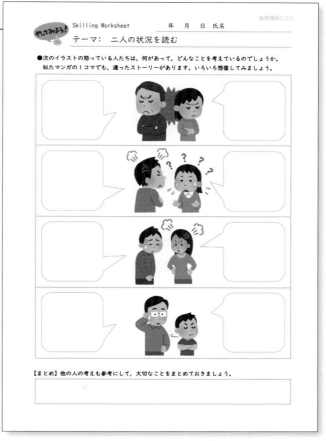

自己理解

1-2 感情理解スキル ―― 他者の感情を読み取るワーク

41

# ► アンガー・マネジメント・ワーク

自己理解

1-2 感情理解スキル

アンガー・マネジメント・ワーク

## ワークシートのねらい

自分の怒りの表れ方を理解し,対処できるようになる。

## ワークシートのリスト

☐ No.1214 怒りの傾向チェック①　　☐ No.1218 アンガー・マネジメント②
☐ No.1215 怒りの傾向チェック②　　☐ No.1219 アンガー・マネジメント③
☐ No.1216 怒りの温度計　　　　　　☐ No.1220 アンガー・マネジメント④
☐ No.1217 アンガー・マネジメント①　☐ No.1221 怒りのマトリックス

## ●ワークシートの進め方

　学習者が怒りを制御し適切に表現することができない場合,学習者自身や周囲の人々に危害を与えてしまうかもしれません。学習者が自らの怒りの生まれ方や特性を理解し,建設的で健康的な解決方法を見つけることが必要です。また,怒りは正義感やプライド,こだわりなど,ものごとの捉え方によって二次的に生まれる「二次感情」であることを理解することも重要です。

　アンガー・マネジメント・ワークを進める際は,まず「No.1214 怒りの傾向チェック①」「No.1215 怒りの傾向チェック②」を用いて学習者の怒りの傾向を確認しておくことが望まれます。

　「No.1216 怒りの温度計」では,怒りが生まれる状況や怒りの程度を視覚化し,適切な対処について工夫を考えることができます。

　怒りを感じた時に一旦自分を落ち着かせる具体的な方法を見つけるためには,「No.1217 アンガー・マネジメント①」が役立ちます。学習者が自らの怒りを客観視することが難しい場合は,「No.1218 アンガー・マネジメント②」「No.1219 アンガー・マネジメント③」を用いて,怒りを表現する前に相手の立場や状況を理解すること,怒りを適切に表現する言葉や行動を確認することが重要です。また,「No.1220 アンガー・マネジメント④」は,怒りへの対処の工夫を実践するきっかけとなります。

　「No.1221 怒りのマトリックス」では,怒りの対象をマトリックス上で客観視し,対処の方向性を学習者自ら探ることができます。

　学習者がすでにイライラや怒りを募らせているときは,リラックス方法としてストレス対処スキルのストレス・マネジメント・ワーク「No.1227 リラックス法① ～カウント呼吸法～」が有効でしょう。

## No. 1214 怒りの傾向チェック①

## No. 1215 怒りの傾向チェック②

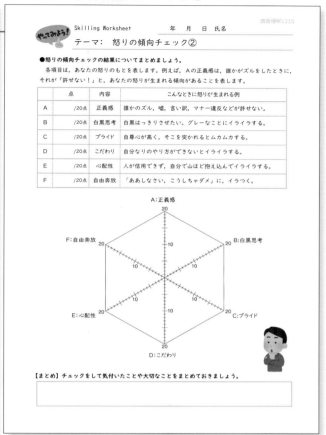

## No. 1216 怒りの温度計

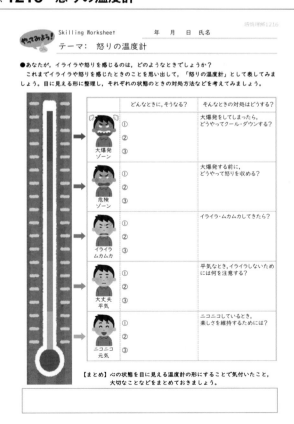

## No. 1217 アンガー・マネジメント① ●解答例アリ

自己理解

1-2 感情理解スキル ― アンガー・マネジメント・ワーク

## No. 1218　アンガー・マネジメント②

Skilling Worksheet　年　月　日　氏名

テーマ：アンガー・マネジメント②

●次の話を読んで，考えてみましょう

　Aさんは，授業中に先生が説明していることが，よく分からなくなってきました。
　まわりの人たちは，静かに先生の説明を聞き続けています。Aさんは，分からなくてイライラしたり不安になったりと混乱してきました。

【ワーク1】このようなとき，Aさんはどうしたら良いのでしょうか？
次の項目に◎・○・△・×を付けてみましょう。 他の方法も1つ考えてみましょう。

| ① | 分からないことは，そのままにしておいても，特に問題はない。 |
| ② | 机を叩いたり「分からない！」と大声で言ったりして，イライラを発散する。 |
| ③ | 分からないことがあったら，きちんと質問してみる。 |
| ④ | 分からない勉強は，してもムダだから教室を出ていく。 |
| ⑤ | 隣の人などに声を掛けて，教えてもらう。 |
| ⑥ | 授業後に先生や友達に勉強のことを相談してみる。 |
| ⑦ | 他の方法： |

【ワーク2】◎や○が良い，△や×が良くない理由は何ですか？
◎や○が良い理由

△や×が良くない理由

【ワーク3】あなたならどうしますか？ 具体的な場面を想定して書いてみましょう。

【まとめ】他の人の考えも参考にして，大切なことをまとめておきましょう。

## No. 1219　アンガー・マネジメント③

Skilling Worksheet　年　月　日　氏名

テーマ：アンガー・マネジメント③

●次の話を読んで，考えてみましょう

　Aさんは気が短いところがあります。ある日，宿題をやらずに友達のものを写して提出したことを担任の先生に注意されました。
　するとAさんは，ムカムカしてきて「僕ばっかりが写しているんじゃない。○○も○○も，みんなが…」と反論を始めました。

【ワーク1】このようなとき，Aさんはどうしたら良いのでしょうか？
次の項目に◎・○・△・×を付けてみましょう。 他の方法も1つ考えてみましょう。

| ① | ムカムカするのは当然なので，その気持ちを込めて反論を続ける。 |
| ② | ムカムカしてきても素直に話を聞いて反省する。 |
| ③ | ムカムカしてきたら，「うるさい！」と大きな声で怒りをぶつけて解消する。 |
| ④ | ムカムカしているときは，いったん反論をやめる。少し冷静になったら自分の考えを話す。 |
| ⑤ | 近くのものや机，壁などを叩いたり蹴ったりして，ムカムカを発散する。 |
| ⑥ | ムカムカしてきたら「今は冷静になれない」と伝え，後で反省を伝える。 |
| ⑦ | 注意されている間は違うことを考えて気を紛らわし，ムカムカが収まったら改まって話し合う。 |
| ⑧ | 他の方法： |

【ワーク2】◎や○が良い，△や×が良くない理由は何ですか？
◎や○が良い理由

△や×が良くない理由

【ワーク3】あなたならどうしますか？ 具体的な場面を想定して書いてみましょう。

【まとめ】他の人の考えも参考にして，大切なことをまとめておきましょう。

## No. 1220　アンガー・マネジメント④

## No. 1221　怒りのマトリックス

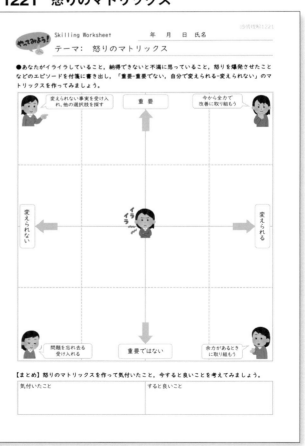

# ▶ 不安や緊張に対処するワーク

### ワークシートのねらい

自分の不安や緊張の傾向を理解し，対処する。

### ワークシートのリスト

- □ No.**1222** 対人不安の傾向チェック①
- □ No.**1223** 対人不安の傾向チェック②
- □ No.**1224** 緊張の傾向チェック①
- □ No.**1225** 緊張の傾向チェック②
- □ No.**1226** 不安や緊張の温度計
- □ No.**1227** リラックス法①
  ～カウント呼吸法～
- □ No.**1228** リラックス法②
  ～漸進的筋弛緩法～

### ●ワークシートの進め方

　学習者の心身の健康管理のためには，自らの不安や緊張の傾向を正しく把握し，学習者自身で的確な対処ができることが望まれます。自分の不安や緊張の傾向が分からないと，ストレスを適切にコントロールできず，体調不良や心理的な問題が引き起こされるかもしれません。自己理解と対処の工夫によって，セルフ・コントロールできるように促します。

　中高生が感じる不安の多くは，対人関係不安や社交不安です。「No.1222 対人不安の傾向チェック①」を用いて孤独感や視線不安などのセルフ・チェックを行い，「No.1223 対人不安の傾向チェック②」のレーダーチャート上でその傾向を捉えることができます。不安と同様に緊張についても「No.1224 緊張の傾向チェック①」「No.1225 緊張の傾向チェック②」を用いて，緊張の傾向を確認します。

　「No.1226 不安や緊張の温度計」では，学習者自身が不安や緊張を感じる場面を洗い出し，その状況やレベルに合わせた対処や回避方法を考えることができます。

　また，学習者がすでに不安や緊張の状態が続いている場合，身体の緊張を伴い強張っていることも多く，身体の緊張をほぐすリラックス法が効果的です。手軽にできるストレス対処スキルとして「No.1227 リラックス法① ～カウント呼吸法～」「No.1228 リラックス法② ～漸進的筋弛緩法～」を導入し，日常での実践を促します。

　なお，苦手なことへの不安や緊張については，苦手な感覚に対するワーク「No.1122 過敏なことがある①」「No.1123 過敏なことがある②」を併用すると効果的です。

自己理解 1-2 感情理解スキル — 不安や緊張に対処するワーク

## No.1222 対人不安の傾向チェック①

**Skilling Worksheet** 　年　月　日　氏名

**テーマ：** 対人不安の傾向チェック①

●以下の各項目について、自分にあてはまる程度を数字で答えてください。
とてもよく当てはまる ← 5 4 3 2 1 → まったく当てはまらない　↓白い空欄に数字を入れる

| | |
|---|---|
| ① | 人がいると緊張する。 |
| ② | 怖がりで気が弱い。 |
| ③ | 頼りにできる人がいない。 |
| ④ | いつも疲れている感じがする。 |
| ⑤ | 人の顔を見ることができない。 |
| ⑥ | 自分は人の迷惑になっている気がする。 |
| ⑦ | 人前で自然に振る舞えない。 |
| ⑧ | 根が暗く、内気である。 |
| ⑨ | 周りの人たちとの共通点が少ない。 |
| ⑩ | みじめな思いをすることが多い。 |
| ⑪ | 人と目を合わせていられない。 |
| ⑫ | 自分は人に嫌な感じを与えている気がする。 |
| ⑬ | 人といると顔がこわばったり赤くなったりする。 |
| ⑭ | 引っ込み思案である。 |
| ⑮ | 自分のことを良く知っている人がいない。 |
| ⑯ | 気分が落ち込みがちである。 |
| ⑰ | 人の顔を見られるのがつらい。 |
| ⑱ | 人からジロジロ見られていると感じる。 |
| ⑲ | 人と顔を合わせないようにしている。 |
| ⑳ | 臆病で小心者である。 |
| ㉑ | 自分と同じ考えの人が少ない。 |
| ㉒ | いつも気分が晴れない。 |
| ㉓ | 人と話しをする時、どこを見ていいか分からない。 |
| ㉔ | 自分は変な人に思われている気がする。 |

合計　A　B　C　D　E　F

## No.1223 対人不安の傾向チェック②

**Skilling Worksheet** 　年　月　日　氏名

**テーマ：** 対人不安の傾向チェック②

●対人不安の傾向チェックの結果についてまとめましょう。

【A】緊張傾向　合計【　／20点】　【B】内気傾向　合計【　／20点】
【C】孤独感　合計【　／20点】　【D】落ち込み　合計【　／20点】
【E】視線不安　合計【　／20点】　【F】思い込み　合計【　／20点】

総合計＝【　　】

24～44　45～64　65～79　80～99　100～120

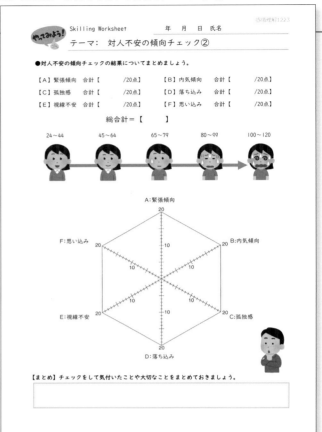

【まとめ】チェックをして気付いたことや大切なことをまとめておきましょう。

## No.1224 緊張の傾向チェック①

**Skilling Worksheet** 　年　月　日　氏名

**テーマ：** 緊張の傾向チェック①

●以下の各項目について、自分にあてはまる程度を数字で答えてください。
とてもよく当てはまる ← 5 4 3 2 1 → まったく当てはまらない　↓白い空欄に数字を入れる

| | |
|---|---|
| ① | 他人からあまり褒められたことがない。 |
| ② | 勉強や運動に自信がない。 |
| ③ | 同じ失敗を繰り返すことが多い。 |
| ④ | ものごとは最後まで全てきちんとしなければならないと思う。 |
| ⑤ | 予定が変更されると落ち着かなくなる。 |
| ⑥ | 初対面の人と話すのが苦手である。 |
| ⑦ | 自分への視線や自分への評価が気になる。 |
| ⑧ | 自分には短所がたくさんあると思う。 |
| ⑨ | 人前で叱られたり恥をかいたりしたことがある。 |
| ⑩ | あいまいなことは落ち着かず、白黒はっきりさせたい。 |
| ⑪ | 臨機応変な対応やアドリブは苦手である。 |
| ⑫ | 普段は同じ人と同じことをしていることが多い。 |
| ⑬ | 他人からダメな人間だと思われたくない。 |
| ⑭ | 他人をうらやましいと思うことが多い。 |
| ⑮ | 嫌な思い出が多い。 |
| ⑯ | ものごとは悪い結果になると思いがちである。 |
| ⑰ | 活動中にアクシデントがあるとオロオロする。 |
| ⑱ | レクリエーションや大きな行事に参加することが苦手である。 |
| ⑲ | 恥ずかしいと思うことはしたくない。 |
| ⑳ | 自分の容姿に自信がない。 |
| ㉑ | 昔の栄光にひたったり失敗を引きずったりする方だ。 |
| ㉒ | 失敗は他人から責められたり笑われたりすると思う。 |
| ㉓ | 目標を達成できないことが多い。 |
| ㉔ | 新しいことより慣れたことの方がいい。 |

合計　A　B　C　D　E　F

## No.1225 緊張の傾向チェック②

**Skilling Worksheet** 　年　月　日　氏名

**テーマ：** 緊張の傾向チェック②

●緊張の傾向チェックの結果についてまとめましょう。

【A】他者の評価　合計【　／20点】他者からの評価を気にしすぎるために起こる緊張
【B】自信のなさ　合計【　／20点】自分に自信がもてないために起こる緊張
【C】過去の経験　合計【　／20点】過去の失敗経験などがもとになっている緊張
【D】思い込み　合計【　／20点】好ましくない思い込みがもとになっている緊張
【E】変更不安　合計【　／20点】予期せぬことが起こる不安から生まれる緊張
【F】新規不安　合計【　／20点】慣れないこと初めてのことに対する緊張

総合計＝【　　】

24～44　45～64　65～79　80～99　100～120

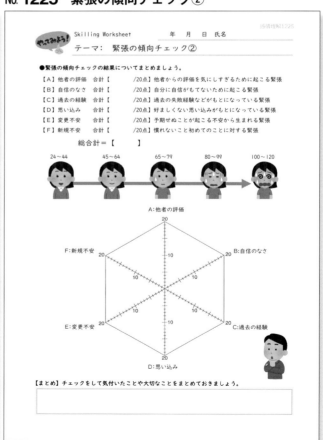

【まとめ】チェックをして気付いたことや大切なことをまとめておきましょう。

## No. 1226　不安や緊張の温度計　●解答例アリ

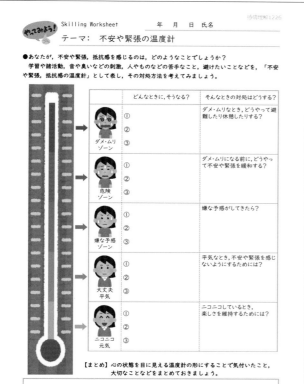

## No. 1227　リラックス法①　～カウント呼吸法～

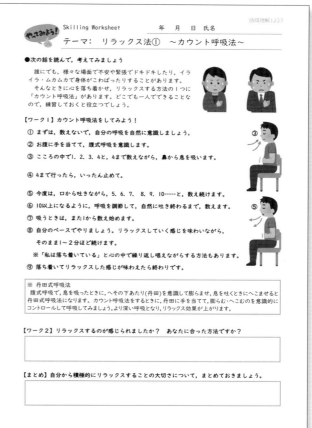

## No. 1228　リラックス法②　～漸進的筋弛緩法～

Skilling Worksheet　年　月　日　氏名

テーマ：　リラックス法②　～漸進的筋弛緩法～

●次の話を読んで，考えてみましょう

カウント呼吸法で落ち着く練習をしたら，次のリラックス法は「漸進的筋弛緩法」です。

【ワーク1】漸進的筋弛緩法の基礎練習
① 最初に腕で練習です。片方の腕を机の上に載せます。
② 腕全体に力を入れて，ぎゅっと手を握ります。
③ 3秒くらい筋肉が緊張し硬くなっているのを感じ取ります。
④ 力を抜き，手を広げて，腕を机の上でだらんとします。
⑤ 硬くなっていた筋肉が柔らかくなったのを感じ取ります。
⑥ 10秒くらい腕全体の緊張がじわっと緩んでいく感じを感じ取ります。
⑦ 2～3回繰り返したら，呼吸を整えて（カウント呼吸法など）終わりです。

【ワーク2】ミニミニ弛緩法
① 落ち着いて静かに座り呼吸を整えます（カウント呼吸法など）。
② 3秒くらい肩を持ち上げて，筋肉が硬くなったのを感じ取ります。
③ 力を抜き，肩をだらんと下ろします。
　硬くなっていた筋肉が柔らかくなったのを感じ取ります。
④ 10秒くらい筋肉の緊張が緩むのを感じ取り，2～3回くらい繰り返します。
⑤ 次に，肩を上げるのに合わせて，目を閉じて顔の全体に力を入れ，
　腕にも全体に力を入れて，ぎゅっと手を握り脇を締めます。
⑥ 3秒くらい全体の筋肉が硬くなっているのを感じ取ります。
⑦ 力を抜き，身体全体をだらんとします。
　硬くなっていた筋肉が柔らかくなったのを感じ取ります。
⑧ 10秒くらい全体の緊張がじわっと緩んでいく感じを感じ取ります。
⑨ 2～3回繰り返したら終わりです。1分間ほど静かに呼吸をして（カウント呼吸法など），
　深い息を吐くたびに，身体全体がリラックスしていく感じを味わいます。

【ワーク3】リラックスするのが感じられましたか？　あなたに合った方法ですか？

【まとめ】自分から積極的にリラックスすることの大切さについて，まとめておきましょう。

自己理解

1-2　感情理解スキル──不安や緊張に対処するワーク

47

48

## 自己理解 をテーマとしたスキル
# 1-3 実行機能スキル

【 項 目 】
- ▶ 行動を改善するワーク
- ▶ けじめのある生活をするワーク
- ▶ 健康的な生活をするワーク
- ▶ 将来のことを考えるワーク

https://www.kyoikushinsha.co.jp/download/Skillingworksheet_data/1-3/C2Z289UZzduKTfKtcJ.html

## 【 指 導 の ポ イ ン ト 】

　実行機能スキルとは，学校生活や社会生活における様々な状況に適応し，目的を達成するために必要な考え方と行動制御のスキルを指します。簡単に表現すると，ものごとを成し遂げる力と言えるでしょう。そのスキルの向上には，計画性，見通し，モニタリング，適正方法，時間管理，整理整頓の視点でトレーニングを進めることがポイントになります。

**計画性**：自分に合った計画を立てることが苦手な場合，優先順位を決めたり必要な時間を見積もったりするのが難しくなります。まずは学習者の自己理解を深め，短期的な計画を考えることから始めます。

**見通し**：将来の目標や方向性が明確でないと，どのように進めば良いかが分からなくなります。メタ認知を支援し，目標設定や自己理解を促すことで，学習者が自分の道筋を見通せるようにします。

**モニタリング**：自分の行動を客観的に把握できないと，問題点や改善点に気付けません。行動を振り返る習慣を身に付け，進捗状況を定期的にチェックすることで，自己調整が可能になります。

**適正方法**：新しい方法を試したり工夫したりするのが苦手な場合，効率的なやり方を見つけられず，無駄が増えます。視野を広げ，様々なアプローチを検討することで，自分に合った方法を見つけられるようにします。

**時間管理**：時間をうまく使えないと，計画通りに進めることが難しくなります。自分の時間の使い方を把握し，余裕を持った計画を立てることで，ストレスを減らし，成果を上げることができます。

**整理整頓**：物の管理ができないと，必要なものが見つからず時間を浪費しがちです。整理整頓の意義を理解し，習慣化することで，学習や生活の効率が向上します。

# ▶ 行動を改善するワーク

左側縦書き：自己理解　1-3　実行機能スキル　━　行動を改善するワーク

## ワークシートのねらい

勉強や活動を見通しをもって始め,最後まで取り組む。

## ワークシートのリスト

☐ No.**1301** 実行機能チェック①
☐ No.**1302** 実行機能チェック②
☐ No.**1303** 行動を改善する①
　～スモールステップ１～

☐ No.**1304** 行動を改善する②
　～スモールステップ２～
☐ No.**1305** 行動のメリットとデメリット
☐ No.**1306** 決めたことを実行する

### ●ワークシートの進め方

　学習者が諸活動に向かう際に,見通しが持てていないと計画的な行動ができなくなります。また,自身の進捗を確認できないと,モチベーションを維持できなくなるため,最後まで取り組むことが難しくなります。

　見通しをもって勉強や活動をやり遂げるためには,まずは自らの生活状況を客観的に把握する必要があります。「No.1301 実行機能チェック①」を用いて,学習者自身の行動についての計画性や見通しの持ち方などを確認します。「No.1302 実行機能チェック②」では,課題を直感的に把握することができます。

　次に,「No.1303 行動を改善する①～スモールステップ１～」のワークで,具体的な目標を設定します。大切なのは,その目標に到達するまでの細かなステップを学習者が自ら設定することです。100点を目指すのではなく,現状からの５点アップのための方策に注目します。また,悪くなる方向にも注意を払い,５点ダウンしない工夫も考えます。

　「No.1304 行動を改善する②～スモールステップ２～」では,時間配分や活動配分についても考えることができます。学習者が既に分かっていることでも,あえて書き出し,定期的に視覚的に振り返ることで効果が上がります。目標に近づいているかどうかを把握し,最終的に目標を達成できれば,自己肯定感を高めることができます。

　なお,学習者が計画したことや行動目標に取り掛かるためには,必要のないことを「やめる」,必要なことを「始める」ことが求められます。「No.1306 決めたことを実行する」は,始める・やめる工夫を考えるピンポイントのワークとして有効です。

　一方で,活動のメリットとデメリットを冷静に見つめ直す支援も重要です。実行機能スキルの行動を改善するワーク「No.1305 行動のメリットとデメリット」が,学習者に自らの行動の選択について考え直すきっかけとなります。

## No. 1301 実行機能チェック①

## No. 1302 実行機能チェック②

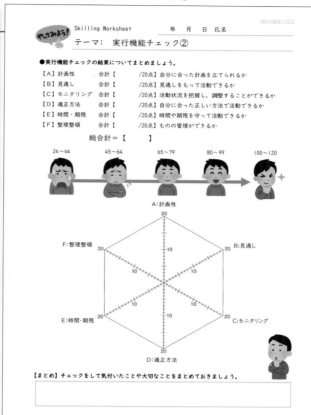

## No. 1303 行動を改善する① 〜スモールステップ1〜 ●解答例アリ

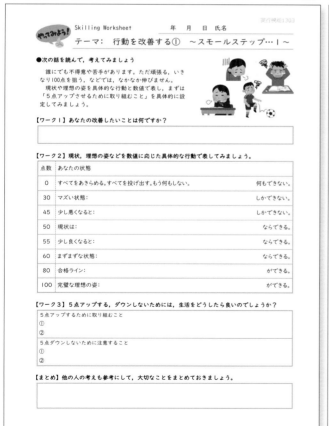

## No. 1304 行動を改善する② 〜スモールステップ2〜

### 自己理解

### 1-3 実行機能スキル — 行動を改善するワーク

## No. 1305　行動のメリットとデメリット

Skilling Worksheet　　　年　月　日　氏名

実行機能1305

テーマ：　行動のメリットとデメリット

●次の話を読んで，考えてみましょう

　ものごとに取り組むときは，そのメリットとデメリットの両方を考えることが大切です。「楽しいからする」と，ものごとの一面だけを見るのではなく，「すること」のメリットとデメリット，また，「しないこと」のメリットとデメリットまで，4つの視点で捉えると，ものごとをより的確に考えることができます。

【ワーク1】あなたが見直したいことは何ですか？（学習・テスト・趣味・遊びなど）

| 内容 | | を | しすぎる ・ よくする ・ あまりしない ・ ほとんどしない | こと |

【ワーク2】それを，する・しない，両方のメリットとデメリットを考えてみましょう。

| | （　　　　　）をする | （　　　　　）をしない |
|---|---|---|
| メリット | ① ② ③ | ① ② ③ |
| デメリット | ① ② ③ | ① ② ③ |

【ワーク3】上の内容から，これからどうすると，あなたはより良くなるのでしょうか？

【まとめ】他の人の考えも参考にして，大切なことをまとめておきましょう。

## No. 1306　決めたことを実行する

Skilling Worksheet　　　年　月　日　氏名

実行機能1306

テーマ：　決めたことを実行する

●次の話を読んで，考えてみましょう

　ものごとの計画を立てて実行しようとしても，計画倒れになることがよくあります。なぜでしょう？　そのほとんどが計画の内容（時間や作業量の分配）に問題があるわけではありません…

【ワーク】

　テスト前の勉強計画，入試対策の計画など，学習の計画は，なかなかうまく行きません。その理由は単純，勉強を始めないからです。では，なぜ，始めないのでしょうか？　おそらく，ゲームや動画視聴などがやめられないことが最も多い理由でしょう。

　ここでは，ものごとを「始める，続ける，やめる」などの方法を考えてみましょう。どんな小さなことでも良いので，ちょっとした工夫を考えてみましょう。（例：家族からスマホにロックをかけてもらうなど）

| | 勉強前にゲームや動画視聴などをしない手立て | 今，しているゲームや動画視聴などをやめる方法 |
|---|---|---|
| 勉強する前に | ① ② ③ ④ | ① ② ③ ④ |

| | 勉強を始める方法 | 勉強中にゲームや動画視聴などをしない手立て |
|---|---|---|
| 勉強を始め、続ける | ① ② ③ ④ | ① ② ③ ④ |

【まとめ】他の人の考えも参考にして，大切なことをまとめておきましょう。

---

自己理解

1-3

実行機能スキル ── 行動を改善するワーク

52

# ▶ けじめのある生活をするワーク

## ワークシートのねらい

ものを整理する,期日を守るなど,けじめをつけた生活をする。

## ワークシートのリスト

- ☐ No. **1307** 課題を実行する
- ☐ No. **1308** 課題をする気になれない①
- ☐ No. **1309** 課題をする気になれない②
- ☐ No. **1310** 期限が守れない
- ☐ No. **1311** 片付けられない①
- ☐ No. **1312** 片付けられない②
- ☐ No. **1313** 人のせいにする①
- ☐ No. **1314** 人のせいにする②

## ●ワークシートの進め方

　学習者が自らの課題を実行し,ものを整理し,期日を守るなどのけじめのある生活を送ることは,周りの人々との信頼関係を築くために必要な社会的スキルの基本です。また,学習者が自らけじめをつけることで,自身のストレスを軽減し,心身ともに健康的な生活を送ることができるようになります。

　役割や課題を果たすこと,環境を整えること,締め切りや約束時間を守ることなどは,その心構えと実行スキルの両面が求められます。「No. 1307 課題を実行する」では,宿題をする意義と宿題を忘れないようにする具体的な工夫について考えることができます。学習者が自らの役割や課題の重要性に十分に気付いていない場合には,「No. 1308 課題をする気になれない①」を利用して,課題を実行する社会的な価値の重みへの気付きを促します。

　「No. 1309 課題をする気になれない②」「No. 1310 期限が守れない」では,必要な行動を起こすための自分に合った方法を考えることができます。「No. 1311 片付けられない①」「No. 1312 片付けられない②」では,ものや環境を整理する工夫や,生活空間や習慣に合わせた工夫を考え,整理することの重要性について考察します。

　一方で,計画したことを実行できなかったときや問題が発生したときには,自ら招いた事態を反省し,次の行動を改善することが大切です。学習者が言い訳や他者へ責任転嫁しがちな場合,「No. 1313 人のせいにする①」を利用して,そのような行為が不適切であることへの気付きを促します。「No. 1314 人のせいにする②」は,そのような状況での望ましい行動について学習者に合った方法を具体的に考えることができます。

自己理解

1-3 実行機能スキル ── けじめのある生活をするワーク

### No.1307 課題を実行する
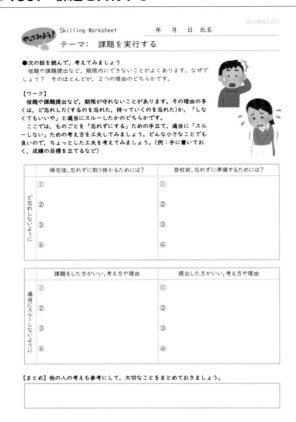

### No.1308 課題をする気になれない①

### No.1309 課題をする気になれない②
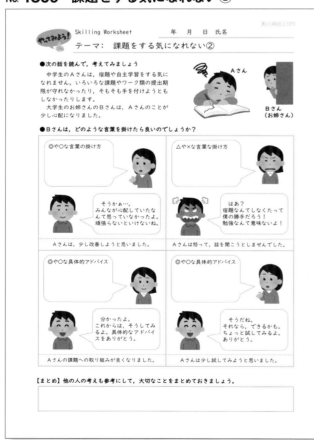

### No.1310 期限が守れない
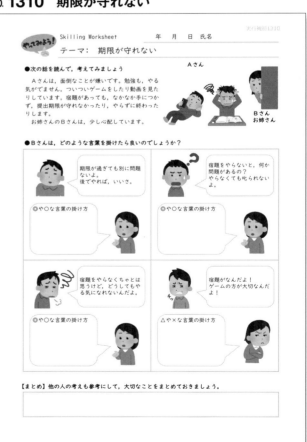

## No. 1311　片付けられない①

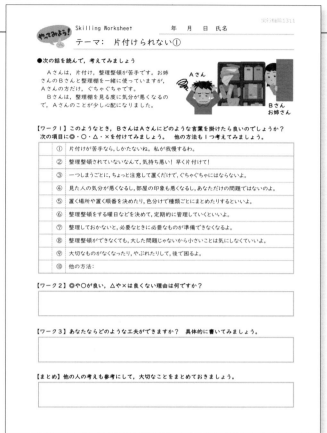

## No. 1312　片付けられない②　●解答例アリ

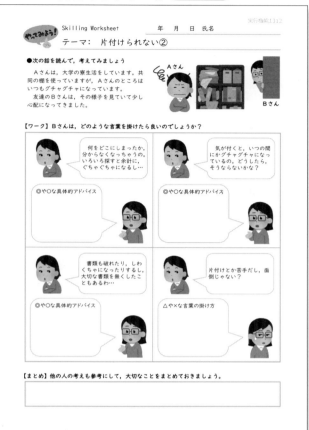

## No. 1313　人のせいにする①

## No. 1314　人のせいにする②

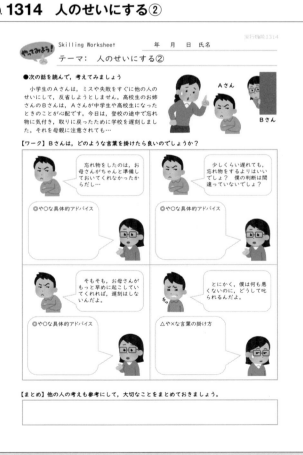

# ▶ 健康的な生活をするワーク

自己理解

1-3 実行機能スキル ── 健康的な生活をするワーク

## ワークシートのねらい

好きなことばかりせず，健康的でさわやかな生活をする。

## ワークシートのリスト

☐ No. 1315 健康生活チェック①
☐ No. 1316 健康生活チェック②
☐ No. 1317 健康生活① 〜食事と運動１〜
☐ No. 1318 健康生活② 〜食事と運動２〜

☐ No. 1319 さわやか生活①
〜好き嫌い〜
☐ No. 1320 さわやか生活②
〜好きなことばかり〜

## ●ワークシートの進め方

　学習者がゲームや SNS など好きなことにばかり時間を費やしていると，自身の目標を見失い，時間やエネルギーを浪費してしまいます。健康的な生活を心がけ実践することで，目標を達成するためのエネルギーを蓄えることができます。食事や運動の大切さは理解しているものの，改善をしない原因の多くは，現在の生活が楽でそれに満足する，主観的で刹那的な感情にあります。また，ゲームや SNS に没頭し，現実の課題から目を逸らしていることもあります。まずは，学習者が今の生活状態を客観的に知ることが不可欠です。

　「No. 1315 健康生活チェック①」では，食事や運動，学習やメディアなどの生活バランスをチェックできます。「No. 1316 健康生活チェック②」では，そのアンバランスさを視覚的，直感的に捉えることができます。

　その上で，学習者が自らの生活を振り返り，それが正しいのか省みることを促します。「No. 1317 健康生活①〜食事と運動１〜」「No. 1318 健康生活②〜食事と運動２〜」では，好きなものばかり食べたり，好きなことばかりしているなどの状況に焦点を当て，生活の自己改善のきっかけをつくります。

　「No. 1319 さわやか生活①〜好き嫌い〜」「No. 1320 さわやか生活②〜好きなことばかり〜」では，学習者にとって他者には関係のないように思われることも，他者への好ましくない影響があることにも着目します。「さわやか」であることは，自分と他者の両方にメリットがあることへの気付きを促します。また，学習者が自分さえ良ければと自己中心的な考え方をしていないかを確認するために、社会生活スキルのみんなの気持ちに配慮するワーク「No. 2401 社会生活スキルチェック①」「No. 2402 社会生活スキルチェック②」を併用すると効果的です。

## No. 1315　健康生活チェック①

Skilling Worksheet　　年　月　日　氏名　　　実行機能1315

テーマ：　健康生活チェック①

●以下の各項目について、自分にあてはまる程度を数字で答えてください。

5：完璧　4：ほぼ良い　3：まずまず　2：いまいち　1：まったく　　↓数字を○で付ける

| ① 午後11時頃には寝ている。 | ① 5 4 3 2 1 |
| ② 授業開始の2時間くらい前には起きている。(6:30前後) | ② 5 4 3 2 1 |
| ③ 夜中に目を覚ましたりせず、よく眠れている。 | ③ 5 4 3 2 1 |
| ④ 日中に太陽光を浴びている。 | ④ 5 4 3 2 1 |
| ⑤ 毎日、三食を欠かさず、決まった時間に食べている。 | ⑤ 5 4 3 2 1 |
| ⑥ 好き嫌いせず、バランスよく食べている。 | ⑥ 5 4 3 2 1 |
| ⑦ ジュースやお菓子などの甘いもの、油っぽいものなどを食べ過ぎていない。 | ⑦ 5 4 3 2 1 |
| ⑧ 午後9時以降に間食をしていない。 | ⑧ 5 4 3 2 1 |
| ⑨ 1週間に7時間以上の運動をしている。(授業・部活動を含む) | ⑨ 5 4 3 2 1 |
| ⑩ 日頃から筋トレやストレッチなどをして筋力や柔軟性を維持している。 | ⑩ 5 4 3 2 1 |
| ⑪ 休日などに屋外に出て身体を動かしている。(散歩程度でもOK) | ⑪ 5 4 3 2 1 |
| ⑫ ゴロゴロと寝転がった生活をしていない。 | ⑫ 5 4 3 2 1 |
| ⑬ 家庭で手伝いをしている。(またはバイトなどで仕事をしている。) | ⑬ 5 4 3 2 1 |
| ⑭ 家族や近所の人と挨拶や会話をしている。 | ⑭ 5 4 3 2 1 |
| ⑮ 衣食住に関わる洗濯や準備片付け、掃除などを自分でしている。 | ⑮ 5 4 3 2 1 |
| ⑯ 趣味(ゲームや動画視聴、SNSなどは除く)などに取り組んでいる。 | ⑯ 5 4 3 2 1 |
| ⑰ 学年相応の家庭学習に取り組んでいる。(学習塾を含む) | ⑰ 5 4 3 2 1 |
| ⑱ 宿題・自学・家庭課題などを期日を守って提出している。 | ⑱ 5 4 3 2 1 |
| ⑲ 学習する時間・場所などのルールを決め、守っている。 | ⑲ 5 4 3 2 1 |
| ⑳ 学校の勉強とは関係なく、調べ物や資格取得などのために頭を使っている。 | ⑳ 5 4 3 2 1 |
| ㉑ ゲームなど刺激性の高い機器やアプリの利用は90分以内である。 | ㉑ 5 4 3 2 1 |
| ㉒ ネット利用、動画視聴、SNSなどのスクリーンタイムは120分以内である。 | ㉒ 5 4 3 2 1 |
| ㉓ スマホやタブレットなどの使い方ルールを決め、守っている。 | ㉓ 5 4 3 2 1 |
| ㉔ 映像や音楽だけでなく、活字を読んでいる。(読書・新聞・ネット記事など) | ㉔ 5 4 3 2 1 |

## No. 1316　健康生活チェック②

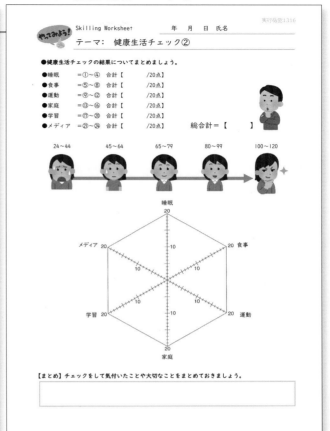

Skilling Worksheet　　年　月　日　氏名　　　実行機能1316

テーマ：　健康生活チェック②

●健康生活チェックの結果についてまとめましょう。

- ●睡眠　＝①〜④　合計【　　/20点】
- ●食事　＝⑤〜⑧　合計【　　/20点】
- ●運動　＝⑨〜⑫　合計【　　/20点】
- ●家庭　＝⑬〜⑯　合計【　　/20点】
- ●学習　＝⑰〜⑳　合計【　　/20点】
- ●メディア　＝㉑〜㉔　合計【　　/20点】　　総合計＝【　　】

24〜44　　45〜64　　65〜79　　80〜99　　100〜120

【まとめ】チェックをして気付いたことや大切なことをまとめておきましょう。

## No. 1317　健康生活①　〜食事と運動1〜　●解答例アリ

Skilling Worksheet　　年　月　日　氏名　　　実行機能1317

テーマ：　健康生活①　〜食事と運動…1〜

●次の話を読んで、考えてみましょう

　Aさんは、運動が苦手です。スポーツをやっても、あまり上手にできません。家では体を動かさず、寝転んでスマホばかりです。屋外や体育館などで運動をすることはありません。
　面倒なことや辛いことは嫌いです。食事は食べたいだけ食べたいものをたっぷりと食べています。
　最近、友達から、ちょっと考えた方がいいのでは？と言われています。

【ワーク1】このようなとき、Aさんはどうしたら良いのでしょうか？
　次の項目に◎・○・△・×を付けてみましょう。　他の方法も1つ考えてみましょう。

| ① 嫌いなものも我慢して食べた方が良い。 |
| ② 好き嫌いや食べ過ぎ、運動不足でも、特に心配することはない。 |
| ③ 近くを散歩したり、家の中でストレッチしたりして、少しは体を動かす方が良い。 |
| ④ 上手にできないスポーツはつまらないので、ネットゲームなどを楽しむ方が良い。 |
| ⑤ たっぷり食べたら、たっぷり運動するように、メリハリを付けた方が良い。 |
| ⑥ 少しだけ食べる量を減らし、少しだけ運動するなど、まずは少しずつ変えてみる。 |
| ⑦ 他の方法： |

【ワーク2】◎や○が良い、△や×は良くない理由は何ですか？

◎や○が良い理由

△や×が良くない理由

【ワーク3】あなたの食事や運動はどうしますか？　具体的な場面を想定して書いてみましょう。

【まとめ】他の人の考えも参考にして、大切なことをまとめておきましょう。

## No. 1318　健康生活②　〜食事と運動2〜

Skilling Worksheet　　年　月　日　氏名　　　実行機能1318

テーマ：　健康生活②　〜食事と運動…2〜

●次の話を読んで、考えてみましょう

　中学生のAさんは、運動が嫌いです。家では体を動かさず、寝転んでスマホばかりです。屋外や体育館などで運動をすることはありません。面倒なことや辛いことは嫌です。食事は食べたいものだけを、たっぷりと食べています。大学生のお姉さんのBさんは、少し心配になってきました。

●Bさんは、どのような言葉を掛けたら良いのでしょうか？

◎や○な言葉の掛け方

そうかぁ…。
みんなが心配していたなんて思っていなかったよ。
気を付けないとね。

Aさんは、少し改善しようかなと思いました。

○や△な言葉の掛け方

う〜ん…
そうかもしれないけど、できるかな…。

Aさんには、あまり良さそうではありません。

◎や○な具体的アドバイス

分かったよ。
これからは、そうしてみるよ。具体的なアドバイスをありがとう。

Aさんは、食事や運動が改善されました。

△や×な言葉の掛け方

はあ？
何が悪い？僕が何しようと僕の勝手だろう！

Aさんは怒って、話を聞こうとしませんでした。

【まとめ】他の人の考えも参考にして、大切なことをまとめておきましょう。

1-3　実行機能スキル ― 健康的な生活をするワーク

自己理解

57

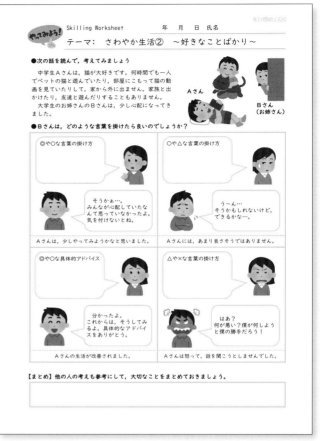

# ► 将来のことを考えるワーク

### ワークシートのねらい

進学や就労など、将来のことを考える。

### ワークシートのリスト

- □ No.**1321** 何歳ならできるだろう① ～家庭・地域生活～
- □ No.**1322** 何歳ならできるだろう② ～社会生活～
- □ No.**1323** 将来を見通す① ～興味関心～
- □ No.**1324** 将来を見通す② ～適性能力～
- □ No.**1325** 進路希望のマトリックス
- □ No.**1326** 職業希望のマトリックス

## ●ワークシートの進め方

　学校生活や家庭生活を有意義にするためには，学習者が今できる小さな目標に取り組むことが不可欠です。しかし，将来の進学や就労に展望が持てていないと，小さな目標が揺らいでしまい，やる気や生きがいを失って投げやりになることがあります。この状況を改善するためには，将来の目標やなりたい自分を明確にすることが必要です。学習者の現状を振り返り，将来のことにも意識を向けることで，勉強や生活改善に取り組む意義を見いだしやすくなります。

　「No.1321 何歳ならできるだろう① ～家庭・地域生活～」「No.1322 何歳ならできるだろう② ～社会生活～」は，大人として独り立ちする前に身に付けておきたいスキルについて確認することで，学習者自身が課題意識を持つことができます。

　「No.1323 将来を見通す①～興味関心～」では，学習者の興味関心を振り返りながら，先を見通せるようにします。「No.1324 将来を見通す②～適性能力～」では，自分の目標やなりたい自分は，自分だけの思いではなく，社会的な要求を満たさなければならないことに着眼することで，自分の将来の目標，進学や就労などをより具体的にイメージできます。

　「No.1325 進路希望のマトリックス」「No.1326 職業希望のマトリックス」のワークは，進路などについて具体的なイメージが持てていないときに役立ちます。希望校や希望職種を視覚的に配置することで，学習者の意思決定やイメージの構築を促します。

　もし，悲観的な思考に囚われて好ましい将来像を描けない場合には，認知行動スキルの理想の姿を考えるワーク「No.1521　20歳の私」に取り組むことが有効でしょう。

## 自己理解

### 1-3 実行機能スキル

将来のことを考えるワーク

---

## No. 1321　何歳ならできるだろう①　〜家庭・地域生活〜

Skilling Worksheet　　　年　月　日　氏名

実行機能1321

**やってみよう！**

テーマ：　何歳ならできるだろう①　〜家庭・地域生活〜

できる？　できない？

●次の話を読んで、考えてみましょう

　一般社会では暗黙の了解として「大人ならしない、大人ならできる」と思われている一般常識があります。
　そして、その考え方は10歳頃から、行動は14歳までには、できてほしいと考えられています。

【ワーク1】次の行為は、一般には何歳頃にはできるでしょうか？
　　　　　また、あなたは何歳頃にできる(できた)のか考えてみましょう。

| 社会の一般常識 | 一般には何歳頃にできる？ | あなたは何歳頃にできる？ |
|---|---|---|
| ① 朝、誰かに起こされなくても自分で起きる。 | | |
| ② 自分の部屋、自分が使った場所を自分で掃除する。 | | |
| ③ ゲームやスマホなどの使い方を、自分で適切にコントロールする。 | | |
| ④ 好き嫌いなく食事をする。 | | |
| ⑤ 無駄遣いなどなく正しくお金を使う、貯めるなど、自分でお金を管理する。 | | |
| ⑥ 家庭内や地域で挨拶を交わす。(おはよう・いただきます・ありがとう、など) | | |
| ⑦ 忘れ物などないように、必要なものは自分で準備する。 | | |
| ⑧ したいことばかりではなく、求められていることをする。(勉強・手伝いなど) | | |
| ⑨ 家庭、地域のルール・マナー(時間や場所の制限、役割分担など)を守る。 | | |
| ⑩ 自分に都合が悪いことをごまかしたり嘘を付いたりしない。 | | |
| ⑪ 14歳からは裁判所で処罰を決める違法行為(家族への暴行など)をしない。 | 14歳 | |

【ワーク2】あなたが次にクリアしたいこと、クリアした方が良いことは何ですか？
　　　　　どうすればクリアできそうですか？　具体的な取り組みを考えてみましょう。

クリアしたいこと

そのために取り組むこと

【まとめ】他の人の考えも参考にして、大切なことをまとめておきましょう。

---

## No. 1322　何歳ならできるだろう②　〜社会生活〜

Skilling Worksheet　　　年　月　日　氏名

実行機能1322

**やってみよう！**

テーマ：　何歳ならできるだろう②　〜社会生活〜

できる？　できない？

●次の話を読んで、考えてみましょう

　一般社会では暗黙の了解として「大人ならしない、大人ならできる」と思われている一般常識があります。
　そして、その考え方は10歳頃から、行動は14歳までには、できてほしいと考えられています。

【ワーク1】次の行為は、一般には何歳頃にはできるでしょうか？
　　　　　また、あなたは何歳頃にできる(できた)のか考えてみましょう。

| 社会の一般常識 | 一般には何歳頃にできる？ | あなたは何歳頃にできる？ |
|---|---|---|
| ① 初対面の人に自分から挨拶したり、世間話をしたりする。 | | |
| ② 出された食事は、礼儀として苦手なものでも我慢して食べる。 | | |
| ③ 陰口、悪口、苦情、言いがかりなどに対して、感情的にならずに対応する。 | | |
| ④ 相手の気分が良くなるように褒めたり、お世辞を言ったりする。 | | |
| ⑤ 書類などを無くしたり汚したりしない。ファイルなどに整理する。 | | |
| ⑥ 時間や期日を守る。遅刻をしない、締め切りを過ぎない。 | | |
| ⑦ 誰に対しても、何かしてもらったことに対して、ありがとうの気持ちを表す。 | | |
| ⑧ 場の雰囲気を察し、人が嫌な気持ちになることは言ったりしたりしない。 | | |
| ⑨ 任されたことや、「する」と言ったことは、面倒がらずにきちんとする。 | | |
| ⑩ 故意ではなく、自分が原因ではなくても、迷惑を掛けたことは丁寧に謝る。 | | |
| ⑪ 14歳からは裁判所で処罰を決める違法行為(万引きなど)をしない。 | 14歳 | |

【ワーク2】あなたが次にクリアしたいこと、クリアした方が良いことは何ですか？
　　　　　どうすればクリアできそうですか？　具体的な取り組みを考えてみましょう。

クリアしたいこと

そのために取り組むこと

【まとめ】他の人の考えも参考にして、大切なことをまとめておきましょう。

---

## No. 1323　将来を見通す①　〜興味関心〜

Skilling Worksheet　　　年　月　日　氏名

実行機能1323

**やってみよう！**

テーマ：　将来を見通す①　〜興味関心〜

将来

●次の話を読んで、考えてみましょう

　自分の進路を考えるとき、成績や偏差値だけでなく、進学先や更にその先で何を学び、何を身に付けたいのか、就職して何を仕事にしたいのか考えることが大切です。

【ワーク1】あなたは、何を大切にして、学ぶこと、仕事にすることを考えますか？
　　　　　興味や関心について次の項目に◎・〇・△・×を付けてみましょう。

| ① 自分の趣味や好きなこと、ゲーム、ネット、玩具、遊びなどに関わること。 |
|---|
| ② 自分の特技など芸術系(音楽、美術など)のアーティスト。 |
| ③ 自分の身体を生かしたこと(スポーツ、冒険など)。 |
| ④ 言語文化的な文学、哲学、作家などに関わること。 |
| ⑤ 社会文化的な歴史、地理、民族などに関わること。 |
| ⑥ 現代社会的な経済、政治、法律などに関わること。 |
| ⑦ 自然科学的な生物、化学、宇宙、栄養などに関わること。 |
| ⑧ 工学的な設計、ロボット、コンピュータなどに関わること。 |
| ⑨ 人の助けになるような医療、福祉、教育などに関わること。 |
| ⑩ 各種産業社会、外食、旅行、商社、物流、マスコミ、金融などに関わること。 |
| ⑪ ファッション、デザインなどの流行文化に関わること。 |
| ⑫ 料理、建設、理容、美容、IT、機械などの技能習得に関わること。 |
| ⑬ アニメ、CG、映画、演劇、漫画、動画などのエンターテイメントに関わること。 |
| ⑭ 国民に奉仕する仕事、警察、消防、役所、官公庁などに関わること。 |
| ⑮ 他の内容： |

【ワーク2】現時点で、あなたが学びたいこと、仕事にしたいことは何ですか？

【まとめ】他の人の考えも参考にして、大切なことをまとめておきましょう。

---

## No. 1324　将来を見通す②　〜適性能力〜　●解答例アリ

Skilling Worksheet　　　年　月　日　氏名

実行機能1324

**やってみよう！**

テーマ：　将来を見通す②　〜適性能力〜

将来

●次の話を読んで、考えてみましょう

　将来の仕事を考えるとき、興味や関心だけでなく、様々な適性能力についても考慮する必要があります。1つの仕事に1つの能力が必要なのではなく、1つの仕事にも下の①〜⑭のような様々な能力が必要になります。

【ワーク1】下の項目の能力について、あなたはどれくらい身に付けているか、◎・〇・△・×を付けてみましょう。また、その能力が特に重視される職業を具体的に考えてみましょう。

| 仕事に必要な能力 | 特に重視される職業など |
|---|---|
| ① 立ち続ける、強い力を出すなどの体力 | |
| ② 考える、判断する、工夫する頭脳 | |
| ③ 優しさや人を思いやる気持ち | |
| ④ 嘘を付かない、法律を守る強い正義感 | |
| ⑤ 同じことを繰り返し続ける地道さ | |
| ⑥ 新しいもの、新しいことを生み出す創造力 | |
| ⑦ たくさんの人と接したり話したりするスキル | |
| ⑧ 大勢から聞いてもらう、見てもらう魅力 | |
| ⑨ 人を驚かせる楽しませるアイディア | |
| ⑩ 遠方や海外に行く行動力 | |
| ⑪ 早朝、深夜など時間に合わせる調整力 | |
| ⑫ 危険に立ち向かう勇気、慎重さ | |
| ⑬ 冷静さを保つ力、我慢、忍耐力 | |
| ⑭ 他の能力： | |

【ワーク2】あなたが重視したい、身に付けたい、高めたい能力は具体的に何ですか？

【まとめ】他の人の考えも参考にして、大切なことをまとめておきましょう。

## No. 1325 進路希望のマトリックス

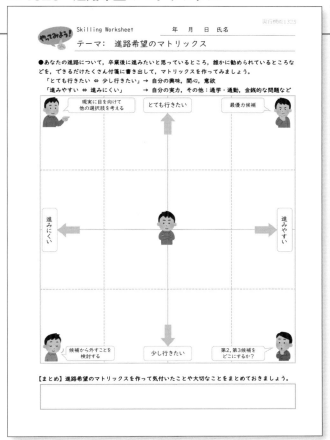

## No. 1326 職業希望のマトリックス

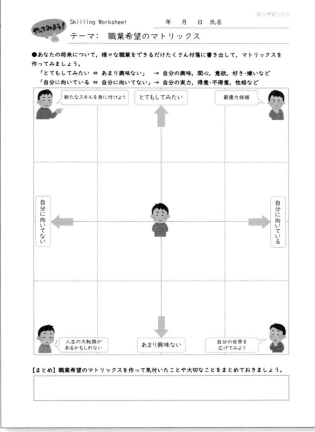

自己理解

1-3 実行機能スキル — 将来のことを考えるワーク

62

## 自己理解 をテーマとしたスキル
# 1-4 ストレス対処スキル

【 項 目 】
- ▶ 心の健康状態を把握するワーク
- ▶ ストレスを把握するワーク
- ▶ ストレス・マネジメント・ワーク
- ▶ 困っていることを相談するワーク

https://www.kyoikushinsha.co.jp/download/Skillingworksheet_data/1-4/wut8JDXgdWJLD2SoHG.html

## 【 指 導 のポイント 】

　ストレスに対処するスキルを身に付けることは，学習者が抱える心の問題に対処し，より良い学校生活や社会生活を送るために重要です。心の問題は主に対人関係や学業，家庭環境から生じ，これらが自己肯定感の低下やうつ症状，不適応，不登校などを引き起こすことがあります。中高生にとって，友人関係や恋愛，いじめ，受験のプレッシャーなどが大きなストレス源となり，心身の健康に深刻な影響を与えることが少なくありません。

　ストレス対処スキルのワークに取り組む際には，学習者が自己否定や負の感情に陥らず，ポジティブな考え方を持てるよう支援し，心の健康状態を客観的に把握できるように導くことがポイントになります。

　具体的には，学習者が自分を否定せず，感情を素直に認めること，将来に対してネガティブにならないようにすることが求められます。また，適切な目標を設定し，小さな達成感を積み重ねること，健康的な生活習慣を維持すること，心身の健康を心と身体の両面から考えることが大切です。

　学習者が抱える具体的なストレスへの対処については，その原因を特定し，リラックス法や相談スキルを身に付けることで，ストレスを管理し，心身の健康を保つ力を育むことができます。

## 自己理解

1-4

ストレス対処スキル ── 心の健康状態を把握するワーク

# ► 心の健康状態を把握するワーク

## ワークシートのねらい

自分の心の状態,悲しみや辛さの影響が分かる。

## ワークシートのリスト

☐ No.**1401 心の健康チェック①**
☐ No.**1402 心の健康チェック②**
☐ No.**1403 最近,元気が出ない…**
☐ No.**1404 最近,イライラする…**

## ●ワークシートの進め方

　ストレス・マネジメントの第一歩は,自分自身の心や健康状態を正しく把握することです。学習者が自分の心の健康状態を正しく把握できていないと,心と身体の問題を放置してしまい,健康や人間関係に重大な問題を引き起こしかねません。学習者自身が心身の健康を保持するためには,自己観察を行い,自分の心の状態を客観的に把握し,自分の生活にどのような影響があるのかを理解する必要があります。中高生の多くは,自分の心身の状態に無関心で,心の問題に気付かず放置する傾向にあります。

　まず,「No.1401 心の健康チェック①」を行い,負の思考や負の感情の状態などへの気付きを促します。「No.1402 心の健康チェック②」では,心身の健康状態のバランスを視覚的に捉えさせ,改善への意識付けを強化します。

　「No.1403 最近,元気が出ない…」「No.1404 最近,イライラする…」では,活動意欲が停滞したりイライラが増したりすることが,心身の健康状態に関わっていることへの気付きを促します。学習者が選択肢を検討しながら,自らの心の問題への対処の必要性に気付くことで,ストレスを把握するワークへとつながっていきます。

　なお,学習者が自らの心の状態を把握するには,自身の感情特性や認知特性についての理解も助けとなります。感情理解スキルの「No.1201 感情と表現の傾向チェック①」「No.1202 感情と表現の傾向チェック②」や,認知行動スキルの「No.1501 ものごとの考え方・捉え方の傾向チェック①」「No.1502 ものごとの考え方・捉え方の傾向チェック②」を併用すると効果的です。

## No. 1401　心の健康チェック①
## No. 1402　心の健康チェック②
## No. 1403　最近，元気が出ない…　解答例アリ
## No. 1404　最近，イライラする…

自己理解

1-4 ストレス対処スキル──心の健康状態を把握するワーク

# ストレスを把握するワーク

## ワークシートのねらい

自分のストレスの状態や原因が分かる。

## ワークシートのリスト

☐ No.**1405** ストレス・チェック①
☐ No.**1406** ストレス・チェック②
☐ No.**1407** ストレス耐性チェック①
☐ No.**1408** ストレス耐性チェック②
☐ No.**1409** ストレスの原因
☐ No.**1410** ストレスのマトリックス

### ●ワークシートの進め方

中高生の多くは，ストレスやその影響にあまり関心がなく，正しく理解していない場合があります。時にはストレスを無視してしまうこともあり，自分がどのような状況でストレスを感じるのか気付かないまま，同じような状況でまた負担を感じてしまうことがあります。特に，その原因が他者や環境ではなく，自分自身の特性や行動にある場合は，その原因を正しく捉えることが難しくなり，将来的にストレスを蓄積し続けるリスクが高まります。

まずは，「No.1405 ストレス・チェック①」を使用して，学習者が普段どのようなストレスを感じているかを確認し，その後，「No.1406 ストレス・チェック②」で感情や活動への意欲，興味関心などの状態を視覚化し，ストレスの傾向を把握します。同時に，「No.1407 ストレス耐性チェック①」「No.1408 ストレス耐性チェック②」を使用して，発散型や回避型などのストレス対処の傾向を確認し，ストレスに対する耐性についての理解を促します。

「No.1409 ストレスの原因」では，勉強，親，友達など具体的なストレスの原因に迫ります。ただし，すべてのストレスが解決できるとは限らないため，「No.1410 ストレスのマトリックス」を使用して，ストレスに対処するか，受け入れるかの判断を視覚的に確認します。

## No.1405 ストレス・チェック①

## No.1406 ストレス・チェック②

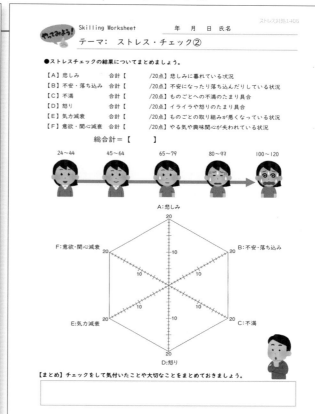

## No.1407 ストレス耐性チェック①

## No.1408 ストレス耐性チェック②

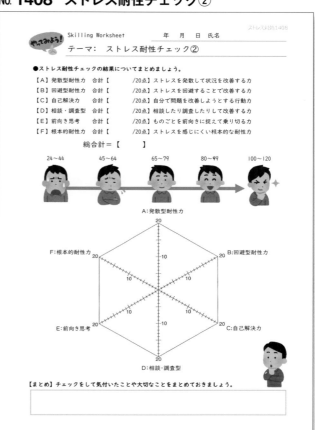

自己理解

1-4 ストレス対処スキル ── ストレスを把握するワーク

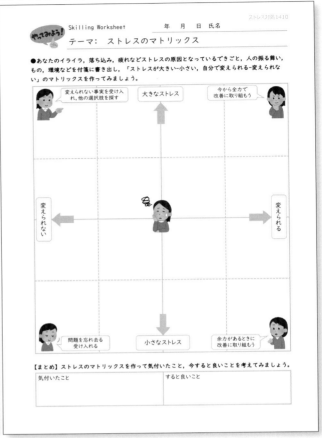

# ▶ ストレス・マネジメント・ワーク

## ワークシートのねらい

ストレスの軽減,解消方法が分かり,対処できる。

## ワークシートのリスト

□ No. **1411** ストレス・マネジメント①
□ No. **1412** ストレス・マネジメント②

## ●ワークシートの進め方

　学習者が自らのストレスの軽減や解消方法が分からないと,ストレスが蓄積し,健康状態に大きな影響が出てきます。学習者がストレスの症状や原因に応じた適切な対処方法を見つけ,自己コントロールし,心身の健康を保つことが求められます。

　学習者が自らのストレス軽減を図るためには,リラックス法を試してみたり,自分に合った気持ちの切り替え方を探ったりすることが必要です。好みに合った方法であることも大切ですが,状況に合った方法を考慮することも重要です。学習者がストレスを不適切な形で発散したり,不適応な行動を起こしたりしないように理解を促します。

　「No. 1411 ストレス・マネジメント①」では,スポーツや入浴などの簡単なリフレッシュ法に加え,不適切な行動の選択肢も提示しています。これにより,学習者に合った方法を考えると同時に,不適切な行動に対する自己抑止を促すことができます。

　「No. 1412 ストレス・マネジメント②」は,ストレスを抱えた状態での行動指針を学習者自身が考えるワークです。対処か回避か,自分にできるかできないか,効果的かどうかを具体的に考えることができます。これらのワークを通じて得られた気付きを実践に移し,習慣化することが大切です。学習者がストレスを解消する時間を定期的に設けたり,実践状況をチェックしたりすると効果的です。

　また,簡単なストレス解消法としてリラックス法を導入することも効果的です。感情理解スキルの不安や緊張に対処するワーク「No. 1227　リラックス法①　～カウント呼吸法～」「No. 1228　リラックス法②　～漸進的筋弛緩法～」が利用できます。

　長期化したストレスや原因が見つからない場合には,学習者に専門家の適切なカウンセリングや治療を受けることを促します。

69

## No. 1411　ストレス・マネジメント①

**自己理解**

**1-4**

**ストレス対処スキル** — ストレス・マネジメント・ワーク

やってみよう！　Skilling Worksheet　　年　月　日　氏名

ストレス対処1411

テーマ：　ストレス・マネジメント①

●次の話を読んで，考えてみましょう

　Aさんは，最近，憂うつな日が多くなりました。友達とうまくいかなかったり，成績が上がらなかったりと，暗い表情の日が増えてきました。
　頭痛や腹痛なども増えて，身体の調子も良くなく，ストレスが大きいようです。

Aさん

【ワーク1】あなたがAさんなら，どのようにストレスを解消したらいいのでしょうか？　次の項目に◎・○・△・×を付けてみましょう。　他の方法も1つ考えてみましょう。

| ① | 友達と一緒に出掛けて遊んだり，ワイワイ大騒ぎしたりする。 |
|---|---|
| ② | ストレッチや散歩など，気軽な気分転換をしてみる。 |
| ③ | 不安や心配がなくなるように，猛勉強する。 |
| ④ | 何をしても無駄だから，今まで通りに過ごす。 |
| ⑤ | 迷惑にならないところで，大声で歌ったり叫んだりする。 |
| ⑥ | 泣ける映画やお笑い動画など，大泣きしたり大笑いしたりして気分をすっきりさせる。 |
| ⑦ | 熱いシャワーやお風呂などで，身体を刺激したり，リラックスさせたりする。 |
| ⑧ | 気が済むまで，人や物に八つ当たりする。大声で怒鳴る。叩く。壊す。 |
| ⑨ | 読書，音楽鑑賞やネット視聴など，静かに一人で心を癒す。 |
| ⑩ | スポーツやサイクリングなどをして，ダイナミックなリフレッシュをする。 |
| ⑪ | 他の方法： |

【ワーク2】◎や○が良い，△や×は良くない理由は何ですか？

◎や○が良い理由

△や×が良くない理由

【まとめ】他の人の考えも参考にして，大切なことをまとめておきましょう。

---

## No. 1412　ストレス・マネジメント②　●解答例アリ

やってみよう！　Skilling Worksheet　　年　月　日　氏名

ストレス対処1412

テーマ：　ストレス・マネジメント②

●次の話を読んで，考えてみましょう

　Aさんは，最近，憂うつな日が多くなりました。友達とうまくいかない日があったり，試験の結果が良くない日があったりと，ストレスが大きいようです。
　友達のBさんは，Aさんのことが少し心配になってきました。

Aさん

Bさん

【ワーク】Bさんは，Aさんにどのようなアドバイスしたら良いのでしょうか？

◎や○な方法

確かに，それは，ちょっといいかもね。少しストレスがたまってきたら試してみようかな。

Aさんは，少し何かしてみようかと思いました。

○や△な方法

う～ん…どうかな…，それは上手くいくかな？？

Aさんは，少しできるかどうか不安です。

◎や○な方法

そうだね。今度，気分が落ち込んだら試してみるわ。具体的なアドバイスをありがとう。

Aさんは，試してみようと思いました。

△や×な方法

はあ？そんなの無理だよ。私にはできそうにないわ！

Aさんは，さらに落ち込んでしまいました。

【まとめ】他の人の考えも参考にして，大切なことをまとめておきましょう。

70

# ▶ 困っていることを相談するワーク

### ■ワークシートのねらい

困っていることを打ち明け，相談することができる。

### ■ワークシートのリスト

- □ No.**1413** 心と身体の関係
- □ No.**1414** 悩みのマトリックス
- □ No.**1415** この悩み，誰に相談する？
- □ No.**1416** 困ったときには，と言われても…

### ●ワークシートの進め方

学習者が困っていることを打ち明け，他者に相談することができないと，自力での解決がより難しくなり，ストレスが増大することがあります。自らの心と身体の状態とその関係を理解し，信頼できる人に相談することで，心身の健康維持やストレス解消ができます。学習者自身にとって適切な相手を確認し，その人に悩みやストレスを打ち明け，困っていることを相談するように促します。

「No.1413 心と身体の関係」では，学習者の行動や身体の不具合が心の状態やストレスに影響していることに気付くことを促します。また，「No.1414 悩みのマトリックス」では，ストレスや心身の不具合を引き起こしている様々な要因を洗い出し，マトリックス上に配置することで視覚的に捉えることができます。その上で，それらの要因について緊急に対処するのか，または無視するのかなどを検討することが大切です。

「No.1415 この悩み，誰に相談する？」では，具体的な相談相手や相談機関などを調べることで，学習者は自分の周りにたくさんの相談相手がいることに気付くことができます。また，「No.1416 困ったときには，と言われても…」は，何を相談したらいいのか理解が不十分な場合に有効なワークです。誰に，どんな相談をしたらいいのかをシチュエーションごとに検討することで，相談スキルが育まれます。

なお，学習者が相談に至るまでには自己理解と自己表現が必要になるので，感情理解スキルの不安や緊張に対処するワーク「No.1226　不安や緊張の温度計」や気持ちを表現するワーク「No.1203 自分の気持ちを表す言葉①」「No.1204 自分の気持ちを表す言葉②」を併用すると効果的です。また，ストレスや悩みを抱えた他の学習者たちと一緒に話し合う場を設け，気持ちを共有することも有効です。

自己理解

1-4

ストレス対処スキル ── 困っていることを相談するワーク

自己理解

1-4 ストレス対処スキル ― 困っていることを相談するワーク

### No. 1413 心と身体の関係

### No. 1414 悩みのマトリックス

### No. 1415 この悩み，誰に相談する？ ●解答例アリ

### No. 1416 困ったときには，と言われても…

## 自己理解 をテーマとしたスキル
# 1-5 認知行動スキル

【 項 目 】
- ▶ ものごとの捉え方の傾向を知るワーク
- ▶ ポジティブ・シンキング・ワーク
- ▶ 解決志向アプローチのワーク
- ▶ 理想の姿を考えるワーク

https://www.kyoikushinsha.co.jp/download/Skillingworksheet_data/1-5/nc7FwAdwrv2PdMw2Fa.html

## 【 指 導 の ポ イ ン ト 】

　認知行動スキルワークの目的は，学習者が自身の「認知の歪み」を修正し，健全な思考パターンを身に付けることです。「認知の歪み」には，「先読み」「べき思考」「思い込み」「深読み」「自己批判」「白黒思考」などがあり，これらはストレスや不安を引き起こし，学習者の精神的健康に悪影響を及ぼします。ワークに取り組む際は，学習者が柔軟な思考を持ち，過去や未来に捉われず，今できることに焦点を当てるよう促す必要があります。小さな一歩を踏み出し，自己肯定感を高めるサポートが重要です。

　さらに，「解決思考アプローチ」を活用して，学習者が望む未来を明確にし，実現可能な解決策を見つけることが効果的です。このアプローチでは，過去の問題にこだわらず，現在と未来に焦点を当て，解決策を見つけ出します。学習者が持つ強みや周囲のサポートを再確認し，それを問題解決に活用することがポイントです。

　また，「外在化（自分自身と切り離して考えること）」によって問題を客観的に捉えることも有効です。これらのアプローチにより，学習者が自分の行動を自分で選び，その結果に責任を持つ姿勢を育て，より健全で前向きな生活を送る力を養います。

# ► ものごとの捉え方の傾向を知るワーク

**自己理解**

**1-5**

**認知行動スキル**

ものごとの捉え方の傾向を知るワーク

### ワークシートのねらい

自分の考え方の傾向やものごとの捉え方のクセを理解する。

### ワークシートのリスト

☐ No. **1501** ものごとの考え方・捉え方の傾向チェック①
☐ No. **1502** ものごとの考え方・捉え方の傾向チェック②

## ●ワークシートの進め方

　常に悲観的な考え方をしているなど，ものごとの捉え方や考え方が好ましくない「認知の歪み」がないか，学習者自身が自分の傾向を把握しておくことは，とても重要です。自己理解を深めるためには，自分自身の考え方や捉え方の傾向を理解することが欠かせません。学習者自身が，自分がどのような思考パターンや認知の歪みを持っているか知ることで，問題解決や意思決定においても冷静な判断をすることができるようになります。また，それにより自分に合った生き方や進路を選ぶことが促されます。

　例えば，学習者が否定的な思考に偏っている場合，自らその傾向を理解していれば，意図的にポジティブな思考に切り替える自己作用を働かせることができます。また，自分がどのように判断を下し，意思決定をするのかを理解しておくことで，他者との意思疎通も促進され，より良い人間関係を築くことができるようになります。

　まずは，「No. 1501 ものごとの考え方・捉え方の傾向チェック①」を用いて，学習者がものごとの考え方や捉え方を振り返ります。「No. 1502 ものごとの考え方・捉え方の傾向チェック②」でその傾向を視覚化することで，認知の歪みについて自らの特性を直感的に把握することができます。

　なお，学習者の認知の歪みが強く，そのために不安や意欲減退などの影響が出ている場合には，ストレス対処スキルの心の健康状態を把握するワーク「No. 1401 心の健康チェック①」「No. 1402 心の健康チェック②」を用いて心身の健康状態も確認しておくことを勧めます。

## No. 1501 ものごとの考え方・捉え方の傾向チェック① ●解答例アリ

## No. 1502 ものごとの考え方・捉え方の傾向チェック② ●解答例アリ

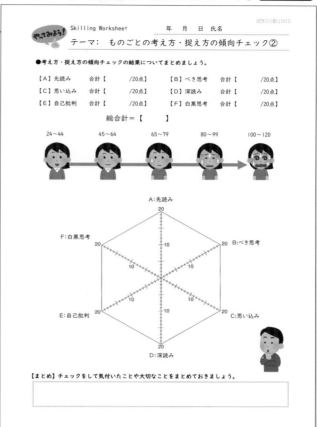

自己理解

1-5 認知行動スキル

ものごとの捉え方の傾向を知るワーク

# ポジティブ・シンキング・ワーク

自己理解

1-5

認知行動スキル

ポジティブ・シンキング・ワーク

## ワークシートのねらい

勉強や生活上の問題点も前向きに捉えることができる。

## ワークシートのリスト

- ☐ No. **1503** ミスをしたら① ～テスト1～
- ☐ No. **1504** ミスをしたら② ～テスト2～
- ☐ No. **1505** ミスをしたら③ ～野球のエラー1～
- ☐ No. **1506** ミスをしたら④ ～野球のエラー2～
- ☐ No. **1507** 友達ができない①
- ☐ No. **1508** 友達ができない②
- ☐ No. **1509** うまくいかない① ～あれもこれも1～
- ☐ No. **1510** うまくいかない② ～あれもこれも2～
- ☐ No. **1511** 思うようにならない① ～レギュラー～
- ☐ No. **1512** 思うようにならない② ～部活がきつい～
- ☐ No. **1513** 失敗ばかり① ～何もしたくない1～
- ☐ No. **1514** 失敗ばかり② ～何もしたくない2～
- ☐ No. **1515** 分かってもらえない① ～親子関係1～
- ☐ No. **1516** 分かってもらえない② ～親子関係2～

## ●ワークシートの進め方

　学習者が勉強や生活上の問題に直面した際に，ネガティブな考えを持ったり，放置したりすると，ストレスの蓄積や人間関係の悪化といった新たな問題を引き起こしかねません。問題に直面したときに，学習者が問題を前向きに捉えて，自らできることを冷静に考え，具体的なアクションプランを立てられるようにサポートします。ポジティブ・シンキング・ワークは，様々な困難な状況に遭遇する登場人物に学習者自身を投影することで，メタ認知を促し，前向きな問題解決の助けとなります。

　「No. 1503，1504 ミスをしたら①，②」や「No. 1505，1506 ミスをしたら③，④」はテストやスポーツのミスを取り上げ，ネガティブな思考からポジティブな視点に切り替える方法を考えます。「No. 1507，1508 友達ができない①，②」は人間関係の構築に苦しむ状況から積極的な行動への転換を促す内容です。「No. 1509，1510 うまくいかない①，②」では，学校生活や家庭生活でのマイナス感情にどう対処するかを考えます。

「No.1511 思うようにならない①〜レギュラー〜」「No.1512 思うようにならない②〜部活がきつい〜」はスポーツや学校生活を通じてネガティブな思考が引き起こす問題への対処法を考え、「No.1513，1514 失敗ばかり①，②」では学校生活全般を題材にしています。「No.1515，1516 分かってもらえない①，②」は親子関係に焦点を当て、他者の行動と自分の不利益の関係についての捉え方の歪みを考えます。各ワークシートは学習者の認知の歪みが大きい場合には、選択式の検討から始めることが有効です。

　また、学習者の不安が大きいなど感情的な課題がある場合には、感情理解スキルの不安と緊張に対処するワーク「No.1226　不安や緊張の温度計」や、行動面で課題がある場合には実行機能スキルの行動を改善するワーク「No.1303　行動を改善する①　〜スモールステップ１〜」なども組み合わせて利用することが効果的です。

| 自己理解 1-5 認知行動スキル ── ポジティブ・シンキング・ワーク |

## No.**1503**　ミスをしたら①　〜テスト１〜

## No.**1504**　ミスをしたら②　〜テスト２〜

77

## 自己理解

### 1-5 認知行動スキル — ポジティブ・シンキング・ワーク

---

**No. 1505　ミスをしたら③　～野球のエラー 1 ～**

Skilling Worksheet　年　月　日　氏名

テーマ：　ミスをしたら③　～野球のエラー…1～

●次の話を読んで、考えてみましょう

　Aさんは、野球の試合中にエラーをしてしまいました。チームの得点も伸びず、試合には負けてしまいました。普段から練習を頑張ってきたつもりでしたが、チームが負けてしまったのは、自分のエラーのせいだと落ち込んでいます。
　Aさんは、もう練習しても上手くはならないだろうし、ミスをすればチームのみんなに責められるだろうから、もう野球はしたくない、練習にも出たくないと思っています。

【ワーク1】このようなとき、Aさんはどのように考えたら良いのでしょうか？
　次の項目に◎・〇・△・×を付けてみましょう。 他の方法も1つ考えてみましょう。

① もうチームに自分の居場所はないから野球をやめる。
② 一つのミスにクヨクヨせず、自分から率先してチームを盛り上げる声を掛ける。
③ チームが負けるのは自分がミスするからなので、もう試合には出ないで辞退する。
④ ミスは誰にでもあることなのだから、次の試合に向けて気持ちを切り替える。
⑤ ミスの原因や練習の仕方を振り返って、改善できそうなことを少しずつやってみる。
⑥ ミスをするような運動が苦手な人は、スポーツをしない方が良い。
⑦ 他の方法：

【ワーク2】◎や〇が良い、△や×は良くない理由は何ですか？
◎や〇が良い理由
△や×が良くない理由

【ワーク3】あなたならどうしますか？　具体的な場面を想定して書いてみましょう。

【まとめ】他の人の考えも参考にして、大切なことをまとめておきましょう。

---

**No. 1506　ミスをしたら④　～野球のエラー 2 ～**

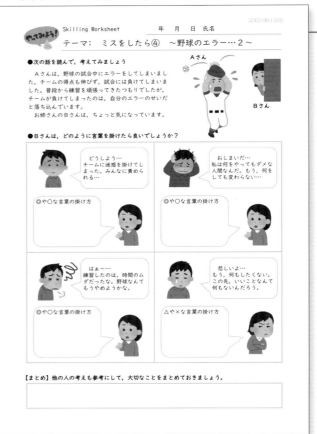

Skilling Worksheet　年　月　日　氏名

テーマ：　ミスをしたら④　～野球のエラー…2～

●次の話を読んで、考えてみましょう

　Aさんは、野球の試合中にエラーをしてしまいました。チームの得点も伸びず、試合には負けてしまいました。普段から練習を頑張ってきたつもりでしたが、チームが負けてしまったのは、自分のエラーのせいだと落ち込んでいます。
　お姉さんのBさんは、ちょっと気になっています。

●Bさんは、どのように言葉を掛けたら良いでしょうか？

【まとめ】他の人の考えも参考にして、大切なことをまとめておきましょう。

---

**No. 1507　友達ができない①**

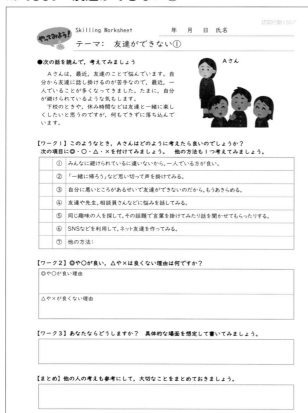

Skilling Worksheet　年　月　日　氏名

テーマ：　友達ができない①

●次の話を読んで、考えてみましょう

　Aさんは、最近、友達のことで悩んでいます。自分から友達に話し掛けるのが苦手なので、最近、一人でいることが多くなってきました。たまに、自分が避けられているような気もします。
　下校のときや、休み時間などは友達と一緒に楽しくしたいと思うのですが、何もできずに落ち込んでいます。

【ワーク1】このようなとき、Aさんはどのように考えたら良いのでしょうか？
　次の項目に◎・〇・△・×を付けてみましょう。 他の方法も1つ考えてみましょう。

① みんなに避けられているに違いないから、一人でいる方が良い。
② 「一緒に帰ろう」など思い切って声を掛けてみる。
③ 自分に悪いところがあるせいで友達ができないのだから、もうあきらめる。
④ 友達や先生、相談員さんなどに悩みを話してみる。
⑤ 同じ趣味の人を探して、その話題で言葉を掛けてみたり話を聞かせてもらったりする。
⑥ SNSなどを利用して、ネット友達を作ってみる。
⑦ 他の方法：

【ワーク2】◎や〇が良い、△や×は良くない理由は何ですか？
◎や〇が良い理由
△や×が良くない理由

【ワーク3】あなたならどうしますか？　具体的な場面を想定して書いてみましょう。

【まとめ】他の人の考えも参考にして、大切なことをまとめておきましょう。

---

**No. 1508　友達ができない②**

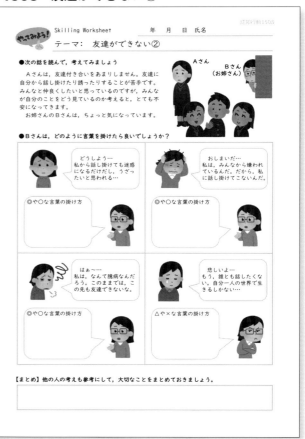

Skilling Worksheet　年　月　日　氏名

テーマ：　友達ができない②

●次の話を読んで、考えてみましょう

　Aさんは、友達付き合いをあまりしません。友達に自分から話し掛けたり誘ったりすることが苦手です。みんなと仲良くしたいと思っているのですが、みんなが自分のことをどう見ているのか考えると、とても不安になってきます。
　お姉さんのBさんは、ちょっと気になっています。

●Bさんは、どのように言葉を掛けたら良いでしょうか？

【まとめ】他の人の考えも参考にして、大切なことをまとめておきましょう。

## No. 1509 うまくいかない① ～あれもこれも1～

## No. 1510 うまくいかない② ～あれもこれも2～ 解答例アリ

## No. 1511 思うようにならない① ～レギュラー～

## No. 1512 思うようにならない② ～部活がきつい～

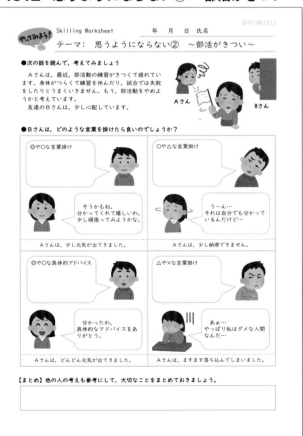

自己理解

1-5 認知行動スキル ― ポジティブ・シンキング・ワーク

自己理解

1-5 認知行動スキル ― ポジティブ・シンキング・ワーク

### No. 1513　失敗ばかり① ～何もしたくない 1～

### No. 1514　失敗ばかり② ～何もしたくない 2～

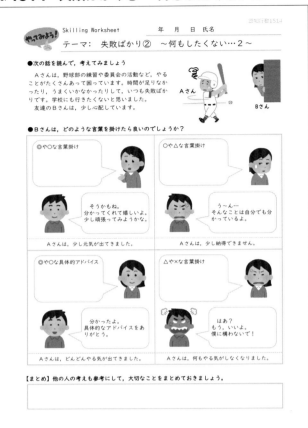

### No. 1515　分かってもらえない① ～親子関係 1～

### No. 1516　分かってもらえない② ～親子関係 2～

# ▶ 解決志向アプローチのワーク

## ワークシートのねらい

自分の問題点の原因よりも解決方法を考える。

## ワークシートのリスト

☐ No. **1517** 天使と悪魔
☐ No. **1518** 悪い虫を退治する
☐ No. **1519** 悪の軍団に負けない
☐ No. **1520** 神様がいたら

## ●ワークシートの進め方

「解決志向アプローチ」とは，問題の原因に焦点を当てるのではなく，本人が持っている能力や資質などに注目し，改善を図る考え方です。解決志向の考え方により，マイナスの感情を排除し，失敗を悔むのではなく，次にどう進むかを考え，前向きな行動が可能となります。また，解決志向を身に付けることでストレスの軽減や心身の健康の維持，明るい未来への展望が期待できます。

学習者が解決志向を身に付けるためには，自分の強みや得意なこと，可能性に焦点を当てることがポイントになります。言葉遣いや考え方を見直し，怒りや悲しみを引き起こす状況でも優しくポジティブな言葉で解決策を考えることも大切です。

解決志向アプローチのワークでは，問題の外在化が主なテーマです。問題の外在化は，自分を責めずに，内面にある「悪者」を外に置き換えて解決策を考える方法です。ネガティブなマイナス思考に囚われずに，客観的に課題に向き合えるようにサポートします。

「No. 1517 天使と悪魔」では，学習者の善悪の両面を外在化し，その両面にはそれぞれメリットとデメリットがあることを確認します。「No. 1518 悪い虫を退治する」「No. 1519 悪の軍団に負けない」は，悪＝自分の問題点・課題をストレートに外在化しますが，コミカルなアプローチにすることで学習者が取り組みやすいようにしました。悪い虫や悪魔の手先を倒す方法を考えることで，前向きでポジティブな態度を促します。「No. 1520 神様がいたら」は，問題が解決された理想の自分を想定するワークです。ゴールや目標の設定にも関連し，学習者が前を向くきっかけとなります。

なお，問題の外在化やゴールの設定ができた後には，学習者の現在の行動改善につなげなければいけません。実行機能スキルの行動を改善するワーク「No. 1305 行動のメリットとデメリット」などを用いて，より現実的に現状を振り返り，改善へ導きます。

## 自己理解

### 1-5 認知行動スキル — 解決志向アプローチのワーク

### No. 1517 天使と悪魔 ●解答例アリ

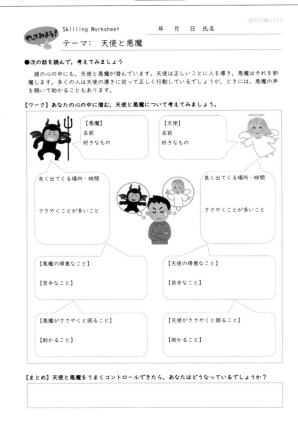

### No. 1518 悪い虫を退治する

### No. 1519 悪の軍団に負けない

### No. 1520 神様がいたら

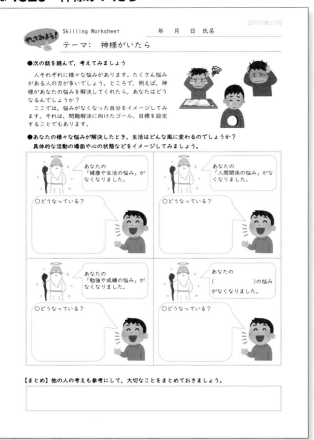

# ▶ 理想の姿を考えるワーク

自己理解

1-5

認知行動スキル ── 理想の姿を考えるワーク

### ワークシートのねらい

今後の進路や将来の姿について前向きに考える。

### ワークシートのリスト

- ☐ No.**1521 20歳の私**
- ☐ No.**1522 中年の私**
- ☐ No.**1523 なりたい自分になったら**

## ●ワークシートの進め方

　学習者が自分の人生を豊かにするためには，将来の姿をはっきりとイメージし，自分が何を成し遂げたいのか，どのような人生を追求したいのかを考えることが重要です。将来の姿を具体的に考えることは，学習者が自分を客観的に見つめ，強みや弱みを理解し，前進するための原動力となります。同時に，将来の姿をポジティブに想像することで，前向きな思考や態度を培うこともできます。現実的な側面も考慮しながら，学習者自身の能力や興味を踏まえて進路を決定し，現在できる具体的な行動に反映できるようにサポートすることが大切です。

　「No.1521 20歳の私」は，10代の学習者が未来の姿を思い描くワークです。通常の進路アンケートとは異なり，今の自分に捉われず架空の人物として描くことで，学習者の理想像に迫ります。髪型や服装，住んでいる環境などを具体的に考えることで，未来のイメージをより豊かに広げることができます。

　「No.1522 中年の私」は同様の手法を用いて，将来の展望を考えるワークです。ただし，このワークは，設定年齢にあたる学習者の親と本人との関係性や家庭環境などに配慮することが必要です。

　「No.1523 なりたい自分になったら」は未来を具体的に想定していませんが，少し先の理想像を描くことができます。解決志向アプローチの「No.1520 神様がいたら」と同様の手法を採用し，詳細なイメージ・トレーニングが可能です。

　なお，学習者が将来の理想の姿に向けて前向きに考えるためには，自分の価値観を明確にし，興味を再確認することが必要です。実行機能スキルの将来を考えるワーク「No.1323　将来を見通す①　〜興味関心〜」や「No.1326　職業希望のマトリックス」も，将来に対して前向きに行動するための有益なアプローチとなります。

83

自己理解

1-5 認知行動スキル ― 理想の姿を考えるワーク

## No. 1521　20歳の私　●解答例アリ

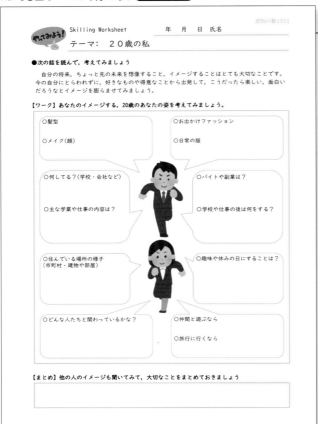

## No. 1522　中年の私

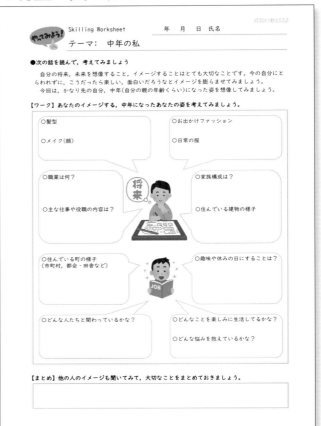

## No. 1523　なりたい自分になったら

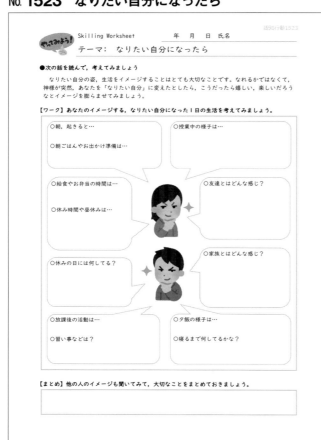

## 社会適応 をテーマとしたスキル
## 2-1 コミュニケーション・スキル

【項目】
- ▶ 相手の気持ちに寄り添うワーク
- ▶ 相手に伝わる話し方のワーク
- ▶ 立場の違いを考慮した言葉遣いのワーク
- ▶ 相手の気持ちに沿った会話のワーク

https://www.kyoikushinsha.co.jp/download/Skillingworksheet_data/2-1/JHpEEHMR7MbYapMzaY.html

### 【 指 導 の ポ イ ン ト 】

　コミュニケーション・スキルのワークは，学習者が円滑な人間関係を築くために必要な能力を育てることを目指します。このスキルは社交性，自己開示力，主張・説明力，感情表現力，傾聴・共感力，他者理解力の6つに分類され，これらが相互に作用してコミュニケーション力を形成します。

　社交性の向上には，集団参加や社交時のマナーを身に付けることが重要です。自信を持ち，相手との距離感や言葉の選び方などを学ぶことが求められます。

　自己開示力では，自分の考えや感情を他者に伝える力が必要です。自己理解を深め，相手に配慮した言葉や態度を身に付けます。

　主張・説明力は，他者に配慮しつつ自己表現を行うこと（アサーション・スキル）が大切です。自分の意見を整理し，筋道を立てて伝える力を養います。

　感情表現力では，自己肯定や感情理解スキルを通じて，自分の感情を適切に表現し，相手の気持ちを理解する力を高めることが大切です。

　傾聴・共感力は，相手の言葉や感情に集中し，理解しようとする力です。相づちや視線，うなずきなどの基本的なスキルを習得し，相手の気持ちに寄り添う姿勢を養います。

　他者理解力では，相手の立場や感情を理解することがポイントです。メタ認知を活用し，相手の状況や発言に基づいて適切な言葉をかけられるようにします。

　これらのスキルをバランスよく発展させることで，学習者のコミュニケーション力が向上し，より良い人間関係を築くことができるようになります。

# ► 相手の気持ちに寄り添うワーク

## ワークシートのねらい

相手の気持ちに寄り添った聞き方をする。

## ワークシートのリスト

- □ No. **2101** コミュニケーションスキルチェック①
- □ No. **2102** コミュニケーションスキルチェック②
- □ No. **2103** パーソナル・スペース
- □ No. **2104** プライベート・ゾーン
- □ No. **2105** 話の聞き方①
- □ No. **2106** 話の聞き方②

### ●ワークシートの進め方

　より良いコミュニケーションを図るためには，単に話を聞くだけでなく，相手の気持ちや考えを理解し，適切な反応を示すことが必要です。相手の話したいことを理解し，共感することができないと，相手が伝えたいことを見逃したり，相手の感情に注意を払わずに会話を進めたりすることがあります。これでは，話し相手が不快な気分になり，学習者の信頼が失われるかもしれません。

　コミュニケーション・スキルの向上には，まずは学習者自身が自分のコミュニケーションの特性や傾向を把握することが必要です。「No. 2101，2102 コミュニケーションスキルチェック①，②」を使用して，社交性，自己開示力，主張・説明力，感情表現力，傾聴・共感力，他者理解力のバランス傾向を確認し，スキル習得への課題意識を促します。

　また，聞き方や話し方のスキル習得の前に，人間関係における「距離感」を学ぶことも大切です。「No. 2103 パーソナル・スペース」と「No. 2104 プライベート・ゾーン」を用いて，場の状況や相手の年齢などによって異なる距離感を確認することができます。

　聞き方のスキルを向上させるには，相手が話す内容に真剣に耳を傾ける傾聴の態度と，相手の気持ちを理解し感情に共感する態度を育むことが大切です。「No. 2105 話の聞き方①」を使用して，相手の話に割り込まずに内容に集中することや，身体の向き，視線，表情などの基本スキルを確認します。相手の立場や背景を理解し，感想や質問を加えて双方向のコミュニケーションを促進する工夫を考えます。また，「No. 2106 話の聞き方②」では，話を聞く際にメモをとる，復唱するなどの実務スキルを確認できます。

## No. 2101 コミュニケーションスキルチェック①

**Skilling Worksheet** 　年　月　日　氏名　　　　　　　コミュニケーション2101

テーマ： コミュニケーションスキルチェック①

●以下の各項目について、自分にあてはまる程度を数字で答えてください。
とてもよく当てはまる ← 5 4 3 2 1 → まったく当てはまらない　　↓白い空欄に数字を入れる

① 初対面でも緊張せずに話ができる。
② 自分のことを人に話すことに抵抗感がない。
③ 筋道を立てて話すことができる。
④ 表情豊かに話すことができる。
⑤ よく愚痴を聞いてあげる。
⑥ 他人の気持ちに敏感である。
⑦ 積極的に人と仲良くなれる。
⑧ 自分の本音を率直に伝えることができる。
⑨ 自分の考えを分かりやすく伝えることができる。
⑩ 人の注目を集める話し方ができる。
⑪ 他人の相談にのってあげる。
⑫ 相手が考えていることを想像することができる。
⑬ 誰とでも何気ない雑談ができる。
⑭ 自分をさらけ出すことができる。
⑮ 自分の意見は、はっきり主張する。
⑯ 話の内容に合った感情を表しながら話すことができる。
⑰ 相手の話をじっくり聞くことができる。
⑱ 周囲の人の様子に敏感である。
⑲ 初めての場でもすぐに溶け込める。
⑳ プライベートなことも恥ずかしがらずに話すことができる。
㉑ ものごとを分かりやすく説明することができる。
㉒ 自分の気持ちを適切に相手に伝えることができる。
㉓ 長い話でも、じっと最後まで聞くことができる。
㉔ みんなが考えていることを察することができる。

合計　A B C D E F

## No. 2102 コミュニケーションスキルチェック②

**Skilling Worksheet** 　年　月　日　氏名　　　　　　　コミュニケーション2102

テーマ： コミュニケーションスキルチェック②

●コミュニケーション能力チェックの結果についてまとめましょう。

【A】社交性　　合計【　/20点】誰とでも関わったり仲良くなったりする力
【B】自己開示　合計【　/20点】隠すことなく自分のことをさらけ出す力
【C】主張・説明 合計【　/20点】自分の意見を言ったりものごとを説明したりする力
【D】感情表現　合計【　/20点】自分の感情や気持ちを伝える力
【E】傾聴・共感 合計【　/20点】相手の考えや気持ちを尊重し、寄り添う力
【F】他者理解　合計【　/20点】相手の感情や気持ちを理解する力

総合計＝【　　】

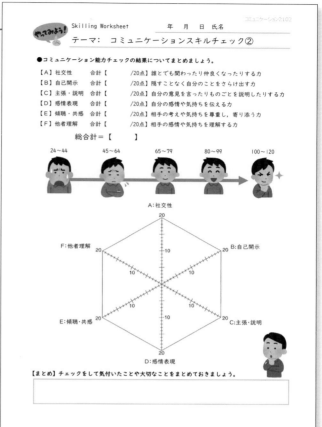

【まとめ】チェックをして気付いたことや大切なことをまとめておきましょう。

## No. 2103 パーソナル・スペース

**Skilling Worksheet** 　年　月　日　氏名　　　　　　　コミュニケーション2103

テーマ： パーソナル・スペース

●次の話を読んで、考えてみましょう

人には、それぞれのパーソナルスペースがあります。その中に他者が入ってくると、不安に感じたり不快に感じたりします。その広さや距離は、相手や場面によって変わります。様々な相手や場面での適切な距離感について考えてみましょう。

【ワーク１】次のような場面での正しい距離感について考えてみましょう。それぞれ、○（大きな問題はない）△（場合によってはマズい）×（ダメ）を付けましょう。

① 休み時間に、同級生の男女が50cmくらいの距離で立ち話をする。
② 家の中で小さな子供を親が抱っこする。
③ 職員室で先生と生徒が2mくらい離れて大きな声で話をする。
④ 休み時間に、生徒同士が一つの椅子に二人で座って話をする。
⑤ 部活動中に、女子生徒マネージャーが男子生徒選手の体をマッサージする。
⑥ 体育の授業中に、同級生の男女が手をつなぐダンスをする。
⑦ 友達のスマホ画面をのぞき込むときに、顔と顔を20cmぐらいに近づける。
⑧ 混んでいるバスの座席で、知らない女性の隣に男子生徒がくっついて座る。
⑨ 空いている電車の座席で、親しくない女子生徒がくっついて座る。
⑩ 仲の良い同級生の男女が手をつないで学校の廊下を歩く。
⑪ 女性の先生が男子生徒の腕や足を触って「筋肉が張っているね」と話す。
⑫ 部活動中に、男性コーチと女子選手が肩を組んで話をする。
⑬ 生徒会長が校長先生に50cmくらいの距離で会則変更のお願いをする。
⑭ 女子生徒が養護教諭に自分の病気について50cmくらいの距離で相談する。
⑮ 小学生同士の男女が手をつないで体育館で遊ぶ。
⑯ 女子生徒が初対面の男子生徒と握手をして「よろしくお願いします。」と言う。
⑰ 男子生徒が「髪の毛が付いている」と言って、女子生徒の顔に触れて取ってあげる。
⑱ 男子生徒が「ちょっと用事がある」と言って、女子生徒の肩に触れて振り向かせる。

【ワーク２】△や×なものは、どうしたら良いのか考えてみましょう。

## No. 2104 プライベート・ゾーン

**Skilling Worksheet** 　年　月　日　氏名　　　　　　　コミュニケーション2104

テーマ： プライベート・ゾーン

●次の話を読んで、考えてみましょう

人それぞれに、見られたら嫌だ、触れられたら嫌だと感じる体の部位があります。自分の年齢や性別、相手との関係、状況によっても変わります。

【ワーク１】次のような体の部位について、例えば、ご飯粒や糸くずなどが付いていた場合に、取ってあげたり取ってもらったりしても良い部位か、同性・異性の違いを考えてみましょう。
○（大きな問題はない）△（場合によってはマズい）×（ダメ）を付けましょう。

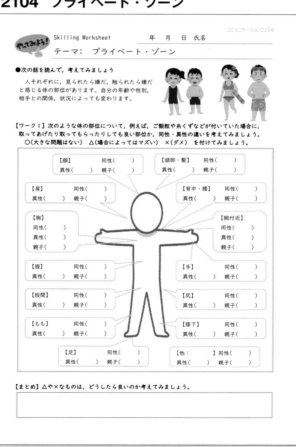

【顔】同性（　）異性（　）親子（　）
【頭部・髪】同性（　）異性（　）親子（　）
【肩】同性（　）異性（　）親子（　）
【背中・腰】同性（　）異性（　）親子（　）
【胸】同性（　）異性（　）親子（　）
【腕付近】同性（　）異性（　）親子（　）
【腹】同性（　）異性（　）親子（　）
【手】同性（　）異性（　）親子（　）
【股間】同性（　）異性（　）親子（　）
【尻】同性（　）異性（　）親子（　）
【もも】同性（　）異性（　）親子（　）
【膝下】同性（　）異性（　）親子（　）
【足】同性（　）異性（　）親子（　）
【他：　】同性（　）異性（　）親子（　）

【まとめ】△や×なものは、どうしたら良いのか考えてみましょう。

社会適応　2-1　コミュニケーション・スキル ― 相手の気持ちに寄り添うワーク

社会適応

2-1

コミュニケーション・スキル

相手の気持ちに寄り添うワーク

## No. 2105　話の聞き方①　●解答例アリ

Skilling Worksheet　　　年　月　日　氏名

テーマ：　話の聞き方①

●次の話を読んで，考えてみましょう

様々な場面で，人の話を聞く機会があります。1対1の面接，グループ討議，授業など，いろいろな形で人の話を聞きますが，どのようにして話を聞くと良いのでしょうか。

【ワーク1】好ましい話の聞き方について，次の項目に◎・○・△・×を付けてみましょう。

| ① | できるだけ相手の方に身体を向ける。 |
| ② | 耳で聞くことに，視線や身体の向きは関係ないので気にしなくても良い。 |
| ③ | 相手の目を見る。 |
| ④ | 相手をジロジロ見るのは失礼なので，できるだけ見ないようにする。 |
| ⑤ | じっとして聞く。首を動かしたり，表情を変えたりしない。 |
| ⑥ | 話が長いときは，他のことを考えて気を紛らわす。 |
| ⑦ | 楽しい話，悲しい話などの内容に合わせた表情をする。 |
| ⑧ | 分かったことや納得できたことには，うなずく。 |
| ⑨ | 話が長い，面白くないときは，「つまらない」と言うか，聞くのをやめる。 |
| ⑩ | 「へ～・なるほど・そうですか」など，あいづちを入れる。 |
| ⑪ | 見つめ合うと恥ずかしいので，相手の口や首のあたりに視線を下げる。 |
| ⑫ | 話・指示・説明などは最後まで聞いて間違わないようにする。 |

【ワーク2】◎や○が良い，△や×は良くない理由は何ですか？

◎や○が良い理由

△や×が良くない理由

【まとめ】他の人の考えも参考にして，大切なことをまとめておきましょう。

## No. 2106　話の聞き方②

Skilling Worksheet　　　年　月　日　氏名

テーマ：　話の聞き方②

●次の話を読んで，考えてみましょう

Aさんは話を聞くのが苦手です。アルバイト先では，会社の人からいろいろな指示が出るのですが，たくさんありすぎて，聞き取ることも覚えることも大変です。

【ワーク1】このようなとき，Aさんはどうしたら良いのでしょうか？
次の項目に◎・○・△・×を付けてみましょう。　他の方法も1つ考えてみましょう。

| ① | 聞いた指示の中で覚えている仕事だけする。 |
| ② | メモを取りながら指示を聞いて，メモを見ながら仕事をする。 |
| ③ | 適当に「ああ，はいはい。」と返事をして，とりあえず仕事をしてみる。 |
| ④ | 聞き逃したところは，「もう一度，指示をお願いします。」とお願いする。 |
| ⑤ | 「○は△する」と指示が出たら，「○は△します」と復唱して確認する。 |
| ⑥ | 分からない，覚えていないことは，他の誰かに聞いてみる。 |
| ⑦ | 「ゆっくり話してください。」とお願いして，確認しながら指示を聞く。 |
| ⑧ | 「一度にいっぱい言われても分かんない！」と言って，怒りをぶつける。 |
| ⑨ | 他の方法： |

【ワーク2】◎や○が良い，△や×は良くない理由は何ですか？

◎や○が良い理由

△や×が良くない理由

【ワーク3】あなたは，具体的にどんなことが工夫できそうですか。

【まとめ】他の人の考えも参考にして，大切なことをまとめておきましょう。

# ▶ 相手に伝わる話し方のワーク

### ワークシートのねらい

相手に伝わる適切な表現，話し方をする。

### ワークシートのリスト

□ No. **2107** 話し方①
□ No. **2108** 話し方②
□ No. **2109** 相づちを打つ
□ No. **2110** 気持ちを伝える声色

□ No. **2111** 電話の受け方
□ No. **2112** 電話の掛け方

### ●ワークシートの進め方

　相手に伝わりやすい適切な表現や話し方ができないと，意図を理解されず誤解されたり，意見や提案が通りにくくなったりすることがあります。学習者が自分の気持ちや考えを明確に伝えるためには，適切な言葉や表現を使用することが求められます。また，語彙の増加や正しい表現方法の習得には話し方の練習が必要です。

　「No. 2107 話し方①」「No. 2108 話し方②」では，口の開け方，声量，速さ，表情，姿勢，視線などの基本的なスキルを確認できます。口の開き方は自分の感情や態度を示すだけでなく，相手の反応にも影響を与えます。声量や話す速さも，相手の注意や理解度に影響を与えることを確認します。また，表情や姿勢，身振り手振りなどの非言語的な情報にも注意を払うよう促します。

　声色は話し方の重要な要素であり，声の調子や抑揚は感情や態度を伝える有効な手段です。同じ言葉でも語尾の上げ下げや声色の変化によって肯定・疑問・否定を表現できます。学習者が表現力に不安を感じる場合は，「No. 2110 気持ちを伝える声色」を利用して声色の練習を行うことが効果的です。

　相づちを使うことは聞き方のスキルとして有効ですが，学習者がより踏み込んだ言葉による相づちを用いることで，より豊かなコミュニケーションが生まれます。「No. 2109 相づちを打つ」では，より積極的に相手と関わる会話力を高める練習ができます。

　なお，中高生は主にSNSなどのネット上の文字情報ツールを使用しますが，実社会では電話も重要なコミュニケーション手段です。学習者は電話の正しい使い方を身に付けていることが望まれます。「No. 2111 電話の受け方」「No. 2112 電話の掛け方」では，その使い方を確認することができます。

社会適応

2-1 コミュニケーション・スキル —— 相手に伝わる話し方のワーク

## No. 2107　話し方①　●解答例アリ

やってみよう！　Skilling Worksheet　　　年　月　日　氏名　　　　コミュニケーション2107

テーマ：　話し方①

●次の話を読んで，考えてみましょう

Aさんは，声優さんのような上手な発音・発声をしたいと思っています。Bさんは，おしゃべりが大好きで司会や発表も得意です。Aさんは，どうしたら上手に発音・発声できるのか相談してみました。

Aさん　　Bさん

【ワーク1】このようなとき，Bさんはどのようにアドバイスをしたら良いのでしょうか？
次の項目に◎・○・△・×を付けてみましょう。他のアドバイスも1つ考えてみましょう。

| ① | たくさんのことを伝えるためには，できるだけ早口にする。 |
| ② | 相手にしっかり伝わるように，ゆっくり，一つ一つの言葉を丁寧に発音する。 |
| ③ | はっきり伝えるために，とにかく声は大きいほど良い。 |
| ④ | 声の大きさよりも，口の開き方や滑舌に注意して話す方が良い。 |
| ⑤ | 相手の方を向くことで，口から出た声が相手の耳に届くようにする。 |
| ⑥ | 相手の方を向くと緊張するので，横や下を向いて話す方が良い。 |
| ⑦ | 発音に応じた口の形(縦長・横長に開くなど)をはっきりさせる。 |
| ⑧ | 口を大きく開けるのは失礼なので，できるだけ口を閉じるように話す。 |
| ⑩ | 他のアドバイス: |

【ワーク2】◎や○が良い，△や×は良くない理由は何ですか？

◎や○が良い理由

△や×が良くない理由

【ワーク3】あなたなら，発音や発声について具体的にどんなことが工夫できそうですか。

【まとめ】他の人の考えも参考にして，大切なことをまとめておきましょう。

## No. 2108　話し方②

やってみよう！　Skilling Worksheet　　　年　月　日　氏名　　　　コミュニケーション2108

テーマ：　話し方②

●次の話を読んで，考えてみましょう

Aさんは，アナウンサーのような上手な話し方をしたいと思っています。Bさんは，おしゃべりが大好きで司会や発表も得意です。Aさんは，どうしたら上手に話せるのかBさんに相談してみました。

Aさん　　Bさん

【ワーク1】このようなとき，Bさんはどのようにアドバイスをしたら良いのでしょうか？
次の項目に◎・○・△・×を付けてみましょう。他の方法も1つ考えてみましょう。

| ① | 相手の表情を見て，話が伝わっているか確認しながら話を進める。 |
| ② | 失礼がなければ，できるだけ身振りや手振りを使って，言葉を補いながら話す。 |
| ③ | 話している間に声の大きさや高さ，話すスピードが変わらないように一定にする。 |
| ④ | 大事な言葉は，ゆっくり発音したり，少し高い声にしたりしてメリハリを付ける。 |
| ⑤ | 相手に関わらず，話し手である自分のペースで話を進める。 |
| ⑥ | 楽しいなら高めの声・悲しいなら低めの声など，話の内容に合った声のトーンで話す。 |
| ⑦ | 失礼のないように，背筋を伸ばした気を付けの姿勢で話す。 |
| ⑧ | 相手に賛成・反対・疑問なのかが分かるように，語尾を上げ下げする。 |
| ⑩ | 他のアドバイス: |

【ワーク2】◎や○が良い，△や×は良くない理由は何ですか？

◎や○が良い理由

△や×が良くない理由

【ワーク3】あなたなら，話し方について具体的にどんなことが工夫できそうですか。

【まとめ】他の人の考えも参考にして，大切なことをまとめておきましょう。

## No. 2109　相づちを打つ　●解答例アリ

やってみよう！　Skilling Worksheet　　　年　月　日　氏名　　　　コミュニケーション2109

テーマ：　相づちを打つ

●次の話を読んで，考えてみましょう

様々な場面で，人の話を聞く機会があります。相手はいろいろな言葉や言い回しで話してきますので，それに合わせた「相づち」を打つことが大切です。

【ワーク1】相手のセリフに対して，どのような相づちを打ったら良いのでしょうか？
下のキーワードをヒントに2種類の「相づち」を考えてみましょう。

| 例）友達「昨日のテストは満点だったよ…」 | 素晴らしい。 | 頑張ったんだね。 |
| ① 先生「強風で庭の木が倒れてしまったので…」 | | |
| ② 近所の園児「お母さんにぬいぐるみ買ってもらって…」 | | |
| ③ 先輩「この間，スカウトが僕を見に来たんだ…」 | | |
| ④ 後輩「練習を頑張ったのに監督が認めてくれなくて…」 | | |
| ⑤ 友達「僕のSNSのフォロワーが1万人突破してさあ…」 | | |
| ⑥ 近所のおじさん「最近，空き巣が多いらしくて…」 | | |
| ⑦ 友達が小さな声で「僕は，実は…なんだけど…」 | | |
| ⑧ 友達「決勝戦はもう少しで勝てたんだけど…」 | | |
| ⑨ 先輩「第一希望の学校，落ちちゃってさ…」 | | |
| ⑩ 後輩「来年，部長になりたいんですけど…」 | | |
| ⑪ 友達「あの先生は話が長いので，寝ちゃいそうだ…」 | | |
| ⑫ 先生「春から別の学校に務めることになりましたが…」 | | |
| ⑬ 友達「今度，ピアノ・コンクールに出ようかと…」 | | |

【キーワード】　語尾を変えて使ってみましょう　　例）良かった　→　良かったですね

| 素晴らしい | 嬉しい | 楽しい | 面白い | 良かった |
| いいね | おめでとう | うわ～！ | 惜しい | 驚く |
| 悲しい | 辛い | ひどい | 残念 | 困る |
| どうして | どのように | それで | それから | なるほど |

【まとめ】他の人の考えも参考にして，大切なことをまとめておきましょう。

## No. 2110　気持ちを伝える声色

やってみよう！　Skilling Worksheet　　　年　月　日　氏名　　　　コミュニケーション2110

テーマ：　気持ちを伝える声色

●次の話を読んで，考えてみましょう

「あ～」「え～」「はあ」などの相づちやリアクションのセリフだけで賛成や疑問，また，怒りや驚きなどの感情を表すことができます。それらを使ったり理解したりすることで，コミュニケーションの幅が広がります。

【ワーク1】次のような場面での発声の仕方を確認・練習してみましょう。
最初は誰かに発声してもらい，それがどの項目か考え，次に自分で発声してみましょう。
相手に分かってもらえたら○，伝わらなかったものには△を付けてみましょう。

| ① | びっくりすることを聞いたときに…「え～」 |
| ② | やりたくない仕事を頼まれたときに…「え～」 |
| ③ | 質問に答えるときに，「そうです」を表す…「ええ」 |
| ④ | 質問の答えを考えている間の…「あ～」 |
| ⑤ | 何かに納得したときの…「ああ」 |
| ⑥ | それ違うよ，ダメダメを表す…「あ～」 |
| ⑦ | 意味が分からず，イライラしながら疑問を表す…「ああ？」 |
| ⑧ | 単純に何を言っているか分からないときの…「はあ？」 |
| ⑨ | よく分からないけど，とりあえず返事をしておこうの…「はあ…」 |
| ⑩ | 悪口を言われたときに怒りを表す…「はあ？」 |
| ⑪ | 感動・感心したときに「素晴らしい」を表す…「はあ～」 |
| ⑫ | 何かに納得，少し感動して「そうなんですね」を表す…「ほ～」(または「へ～・ふ～ん」) |
| ⑬ | ちょっと疑いながら「そうなのか？」を表す…「ほ～」(または「へ～・ふ～ん」) |
| ⑭ | 何かの報告を受けて，単純に「そうですか」を表す…「ほ～」(または「へ～・ふ～ん」) |
| ⑮ | 「してもいいですか？」の…「いい？」 |
| ⑯ | 「OKです，Goodです」の…「いい！」 |
| ⑰ | 「ダメです，いらないです」の…「いい」 |

【まとめ】あなたにとって大切なことをまとめておきましょう。

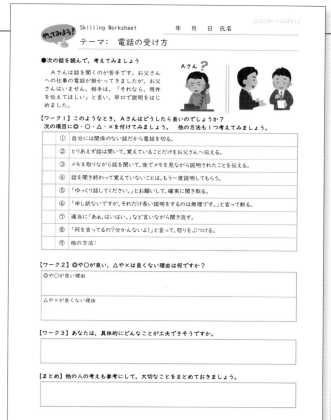

# ► 立場の違いを考慮した言葉遣いのワーク

社会適応

2-1

コミュニケーション・スキル

立場の違いを考慮した言葉遣いのワーク

## ワークシートのねらい

立場や年齢などの違いを考慮した言葉遣いや態度をする。

## ワークシートのリスト

- □ No. **2113 さわやかな言葉遣い①**
- □ No. **2114 さわやかな言葉遣い②**
- □ No. **2115 さわやかな言葉遣い③**
- □ No. **2116 さわやかな言葉遣い④**

## ●ワークシートの進め方

　学習者が良好な人間関係を維持するには，相手の立場や状況に合わせた言葉遣いや態度を身に付け，相手に対して適切な敬意を表すことが求められます。また，相手との心理的距離感を理解し，信頼関係を築くことがコミュニケーションを円滑にします。学習者が適切な距離感のコミュニケーションを行うには，ただ礼儀正しければ良いわけではありません。年齢や社会的地位の違い，親密度，信頼や期待度，関わりの頻度などによって異なることを理解する必要があります。それは，さわやかな態度を身に付けることと言い換えることができるでしょう。

　学習者が，相手の年齢や社会的地位に応じたさわやかな言葉遣いや態度を工夫することで，相手に対する敬意が伝わり，良好な関係を築くことができます。

　「No. 2113 ～ 2116 さわやかな言葉遣い①～④」では，朝の挨拶と持久走大会，英語検定の報告，天気，部活の大会結果報告と，どれも日常的な会話ですが，会話の相手は，ご老人，先生，友達，先輩後輩，小さな子どもなどバラエティー豊かに設定されています。同年齢や年下の相手には親しみやすく分かりやすい言葉遣い，年長者には敬意を払った丁寧な言葉遣いなど，言葉や口調を聞き手の社会的立場に応じて，違和感なく「さわやかな」表現を工夫することが大切です。

　学習者には難しい言葉を用いずに，日常的な表現やオノマトペなどを上手に使うように促します。感情理解スキルの気持ちを表現するワーク「No. 1205 オノマトペで感情表現①」「No. 1206 オノマトペで感情表現②」を併用すると効果的です。

## No. 2113 さわやかな言葉遣い① ●解答例アリ

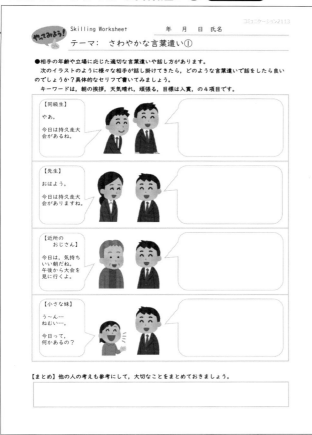

## No. 2114 さわやかな言葉遣い②

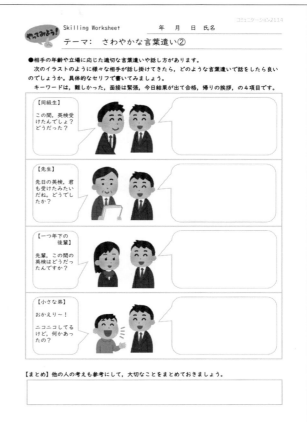

## No. 2115 さわやかな言葉遣い③

## No. 2116 さわやかな言葉遣い④

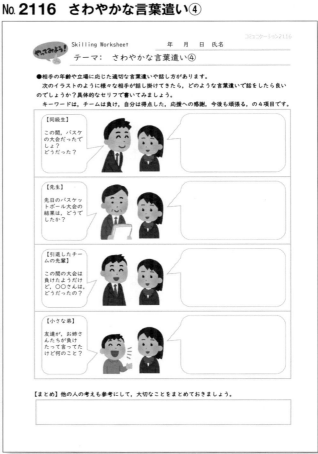

社会適応

2-1 コミュニケーション・スキル —— 立場の違いを考慮した言葉遣いのワーク

# ► 相手の気持ちに沿った会話のワーク

社会適応

2-1

コミュニケーション・スキル —— 相手の気持ちに沿った会話のワーク

## ワークシートのねらい

相手の気持ちに沿った言葉掛けをする。

## ワークシートのリスト

□ No. **2117** 相手の気持ちに沿った会話①
□ No. **2118** 相手の気持ちに沿った会話②
□ No. **2119** 褒めて関わる

## ●ワークシートの進め方

　学習者が，話し相手の気持ちや状況に沿った言葉遣いができないと，話し相手が学習者に対して「この人には話しても分かってもらえない・話したくない」と感じてしまうかもしれません。相手の気持ちや立場を理解し，それに共感することで信頼感が築かれます。また，相手の立場や感情を考慮することで，コミュニケーションが円滑に進み，より良い雰囲気が築かれます。

　「No. 2117，2118 相手の気持ちに沿った会話①，②」では，友達や先生，小さな子どもなどに対してのリアクションを考え，積極的な聴き手になる練習をします。相手の話に耳を傾け，相手の意見や感情を尊重し，受け入れる姿勢を，「ありがとう」「嬉しい」「おめでとう」などの言葉で表現します。その上で，質問などで相手の話を広げ，より深く相手の気持ちに寄り添う工夫を考えることができます。相手が不安や悲しみに暮れている場合は同情の気持ちを込めた言葉，相手が喜んでいる場合は賞賛の気持ちを込めた言葉など，語彙を増やし表現の幅が広がるようにサポートします。

　「No. 2119 褒めて関わる」は，相手の気持ちに寄り添うことのさらに上を行く，相手の気持ちを高めるスキルのワークです。褒め上手になることは，学習者が人間関係を意図的に向上させる有効な手段となるでしょう。

　なお，学習者が相手の気持ちや状況に寄り添うには，まず相手の気持ちの理解が必要です。そのためには，自他の感情理解に努め，心を開いて相手の気持ちに寄り添う傾聴と共感に努める必要があります。感情理解スキルの感情を読み取るワーク「No. 1208 ～ 1212　相手の気持ちを読む①～⑤」を併用すると効果的です。その上で，相手が喜んでいるときは一緒に喜び，相手が悲しんでいるときは心を開き真剣に話を聴くことが，言葉遣い以前に大切なことです。

## No. 2117 相手の気持ちに沿った会話① 解答例アリ

## No. 2118 相手の気持ちに沿った会話②

## No. 2119 褒めて関わる

社会適応

2-1 コミュニケーション・スキル ― 相手の気持ちに沿った会話のワーク

96

## 社会適応 をテーマとしたスキル
## 2-2 アサーション・スキル

【項目】
▶ お願いするアサーション・ワーク
▶ 謝るアサーション・ワーク
▶ 質問するアサーション・ワーク
▶ 断るアサーション・ワーク

https://www.kyoikushinsha.co.jp/
download/Skillingworksheet_data/2-
2/94DGq7cSeTj2CBNMoE.html

### 【 指 導 の ポ イ ン ト 】

　アサーションとは，自分の意見や気持ちを相手に適切に伝え，双方が納得できるように円滑なコミュニケーションを進めることです。そのためには，自己主張をさわやかに行いながら，相手との関係を大切にするスキルが求められます。

　コミュニケーションには「アサーティブ」「アグレッシブ」「ディフェンシブ」の3つのスタイルがあり，それぞれ異なる関わり方を示します。

　「アサーティブ」は，自分の意見や気持ちを相手に穏やかに伝え，互いに尊重し合うスタイルです。一方，「アグレッシブ」は，自分の意見を強引に押し付け，相手との関係を悪化させる恐れがあるスタイルです。「ディフェンシブ」は，自分を守るために意見を言わず相手に従うスタイルで，結果的にストレスやわだかまりを生むことがあります。

　アサーション・スキルのワークでは，傾聴や共感を通じて相手を尊重しつつ，学習者が自分の感情や意見を冷静に整理し，適切に表現する力を育成します。また，謝罪や断り方にも配慮し，相手との関係を保つスキルを養うことで，学習者がアサーティブな表現を用いて円滑なコミュニケーションを実現できるようサポートします。

# ▶ お願いするアサーション・ワーク

社会適応

2-2

アサーション・スキル

お願いするアサーション・ワーク

### ワークシートのねらい

自分のしてほしいことを，相手に配慮しながらお願いできる。

### ワークシートのリスト

- □ No.**2201** アサーションスキルチェック①
- □ No.**2202** アサーションスキルチェック②
- □ No.**2203** お願いする① 〜ノートを借りる１〜
- □ No.**2204** お願いする② 〜ノートを借りる２〜
- □ No.**2205** お願いする③ 〜役割を代わってもらう１〜
- □ No.**2206** お願いする④ 〜役割を代わってもらう２〜

### ●ワークシートの進め方

　自分の要望を相手に伝えることは，コミュニケーションの基本であり，重要なスキルです。しかし，注意深く行わないと，相手に無神経に要求を突きつけ，嫌悪感を与えてしまいます。アサーティブな要求表現のためには，まずは相手の状況や立場を理解し，相手の意見や考え方に真剣に耳を傾ける姿勢が大切なことを確認します。そして，相手が受け入れやすい言葉遣いや口調で，自分の要望を伝えることが鍵となります。相手の予定や状況によっては，自分の要望が受け入れられないこともあるため，相手の状況を考慮した上で要望を伝えること，そして断られることも考慮しておくことが大切です。

　まずは，アサーション・スキルのワークを始める前に，学習者のアサーション・スキルの傾向を把握します。「No.2201，2202 アサーションスキルチェック①，②」を用いて，要求，質問，謝る，断るなどのスキル傾向要素を確認し，課題意識を促します。

　「No.2203 お願いする① 〜ノートを借りる１〜」では，日常的な友達との関係においてもアサーティブな態度の必要性について学習者が選択式で検討することができます。「No.2204 お願いする② 〜ノートを借りる２〜」では学習者自ら，アサーティブな要求表現を工夫します。「No.2205，2206 お願いする③，④ 」は，役割の交代という少し頼みにくい，要求の難易度が上がったワークになっています。

　アサーティブな表現のためには，お互いに感情を理解し合えるような関係を築くことが必要ですので，感情理解スキルの感情を読み取るワーク「No.1208 〜 1212　相手の気持ちを読む①〜⑤」を併用すると効果的です。

## No. 2201 アサーションスキルチェック①

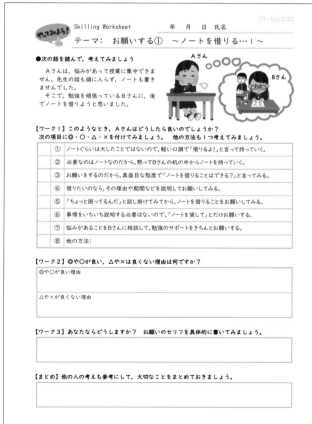

## No. 2202 アサーションスキルチェック②

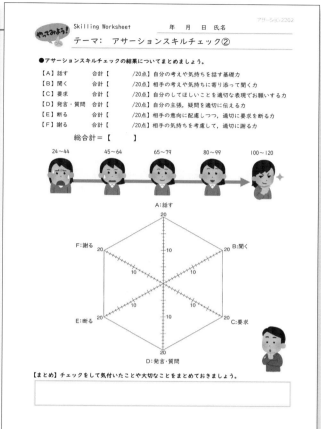

## No. 2203 お願いする① 〜ノートを借りる1〜

## No. 2204 お願いする② 〜ノートを借りる2〜

社会適応

2-2 アサーション・スキル ─ お願いするアサーション・ワーク

## No. 2205　お願いする③　〜役割を代わってもらう1〜

## No. 2206　お願いする④　〜役割を代わってもらう2〜

# ▶ 謝るアサーション・ワーク

## ワークシートのねらい

相手が納得できるように謝ることができる。

## ワークシートのリスト

- ☐ No. **2207** 謝る① 〜冗談のつもりが１〜
- ☐ No. **2208** 謝る② 〜冗談のつもりが２〜
- ☐ No. **2209** 謝る③ 〜壊してしまった１〜
- ☐ No. **2210** 謝る④ 〜壊してしまった２〜

### ●ワークシートの進め方

　学習者が何かの過ちや失敗をした場合や，学習者自身が悪かったと感じたときには，適切な形で謝罪することがとても大切です。自分の誤りや問題点を素直に認め，相手の立場や感情に配慮して，謝罪の気持ちを適切に表すスキルが求められます。信頼関係が崩れかけている状況で，アサーティブな謝罪スキルを発揮することは，関係を修復し，より強固で新たな信頼関係を築く鍵となります。

　謝罪する場面では，まず相手の気持ちに寄り添い，自分の過ちを素直に認めることが必要です。具体的な状況や影響について理解し，相手の立場を尊重することで，謝罪の誠実さがより伝わります。次に，謝罪の言葉だけでなく，望ましい解決策や改善策を提案することで，相手の不安や不満を解消できるようになります。

　「No. 2207 謝る① 〜冗談のつもりが１〜」では，悪気がなくても謝る必要があることや，日常的な友達との関係においてもきちんとした謝罪が必要になることを，選択肢の検討を通して学びます。「No. 2208 謝る② 〜冗談のつもりが２〜」では学習者自ら，アサーティブな謝罪表現を工夫します。「No. 2209，2210 謝る③，④ 」も同様な構成ですが，相手に物的損害がある場合にはどうすれば良いかを検討することができます。言葉選びや態度を工夫することで，相手との関係がより良くなることを確認します。

　なお，生活の中で謝るシチュエーションは，謝る側と相手の双方の感情が，悲しみや怒りといった負の感情を伴っています。感情理解スキルの感情を読み取るワーク「No. 1208 〜 1212　相手の気持ちを読む①〜⑤」やアンガー・マネジメント・ワーク「No. 1217 〜 1220　アンガー・マネジメント①〜④」を併用すると効果的です。

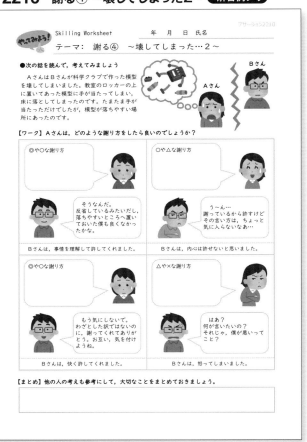

# ▶ 質問するアサーション・ワーク

### ワークシートのねらい

状況に合った態度や言葉遣いで質問ができる。

### ワークシートのリスト

- ☐ No. **2211 質問する①** 〜声を掛けたい〜
- ☐ No. **2212 質問する②** 〜その場で…〜
- ☐ No. **2213 質問する③** 〜後から…〜

## ●ワークシートの進め方

　学校生活や社会生活の中で人間関係を円滑に築くためには，その場の状況や相手の立場に応じて，適切な態度や言葉遣いをするスキルが求められます。活動の内容とタイミングを見計らい，目上の人には丁寧な敬語で，友人にはカジュアルな言葉遣いで，発言や質問をする大切さの理解を促す必要があります。学校生活においては授業中には真剣な態度で教師に接し，休み時間にはリラックスした雰囲気で友人とコミュニケーションをとるなど，場面ごとに適した対応の違いがあることを確認します。

　また，自分の発言や質問内容が相手や周囲の人たちの気持ちを損なうものや困惑させるものではないか，吟味することも大切です。相手の感受性や周囲の状況を考慮し，思いやりのあるコミュニケーションを心掛けることで，良好な人間関係を築くことができるようになります。

　「No. 2211 質問する① 〜声を掛けたい〜」は，質問をするスキルの前段階として，相手の立場や状況に応じた態度や声掛けの方法が必要なことを理解するワークです。学習者がもじもじと遠慮しすぎだったり，ずけずけと遠慮のない態度だったりすることはどちらも好ましくないことを確認します。

　「No. 2212 質問する② 〜その場で…〜」は授業というオフィシャルな時間と空間での適切な発言，質問の仕方を検討することができます。

　「No. 2213 質問する③ 〜後から…〜」では，自己都合で聞き逃したことを質問するにはどうしたらいいか具体的な行動と言葉を考えるワークです。自分に落ち度がある場合のアサーティブな表現の工夫ですので，少し難易度が高くなります。謝るアサーションのワークも併用すると効果的です。

社会適応

2-2 アサーション・スキル ― 質問するアサーション・ワーク

## No. 2211 質問する① ～声を掛けたい～

Skilling Worksheet　　年　月　日　氏名　　　　　アサーション2211

テーマ：　質問する①　～声を掛けたい～

●次の話を読んで，考えてみましょう

　Aさんは，B先生に指示された委員会の仕事の進め方がよく分かりません。そこで，質問しようと，昼休み時間にB先生に会いに行きました。
　B先生は，職員室前の廊下で他の先生と立ち話をしています。B先生は，Aさんがいることに気付かず，Aさんは困っています。

Aさん　B先生

【ワーク1】このようなとき，Aさんはどうしたら良いのでしょうか？
次の項目に◎・○・△・×を付けてみましょう。　他の方法も1つ考えてみましょう。

① B先生の腕や服を引っ張って気付いてもらう。
② 話し中は失礼なので，話が終わるまで待つ。
③ 「お話し中すみません…」とB先生に言って気付いてもらう。
④ B先生の肩をトントンと叩いて，「質問があるのですが…」とB先生に言う。
⑤ 「すみません，話し掛けてもいいですか？」と，両方の先生に声を掛ける。
⑥ 「B先生！」と大きな声で言って，振り向いてもらう。
⑦ 他の方法：

【ワーク2】◎や○が良い，△や×は良くない理由は何ですか？
◎や○が良い理由

△や×が良くない理由

【ワーク3】あなたならどのように話し掛けますか？　具体的なセリフを書いてみましょう。

【まとめ】他の人の考えも参考にして，大切なことをまとめておきましょう。

## No. 2212 質問する② ～その場で…～　●解答例アリ

Skilling Worksheet　　年　月　日　氏名　　　　　アサーション2212

テーマ：　質問する②　～その場で…～

●次の話を読んで，考えてみましょう

　Aさんは，授業中に先生が説明していることが，よく分からなくなってきました。
　まわりの人たちは，静かに先生の説明を聞き続けています。Aさんは，どんどん混乱してきたので，先生に声を掛けてみようと思いました。

Aさん

【ワーク1】このようなとき，Aさんはどうしたら良いのでしょうか？
次の項目に◎・○・△・×を付けてみましょう。　他の方法も1つ考えてみましょう。

① 黙って手を挙げ，先生がAさんに「何ですか…？」と声を掛けてきたら質問する。
② 説明中はみんなの迷惑になるので，説明が終わってから質問する。
③ 説明中でも，はっきり「分かりません！」と，その場面で先生に伝える。
④ 「先生なんだから，ちゃんと説明して！」と苦情を言う。
⑤ 「すみません，今，質問してもいいですか？」と，先生に確認する。
⑥ まずは「ちょっと待って！」と声を上げて，説明をストップさせる。
⑦ 他の方法：

【ワーク2】◎や○が良い，△や×は良くない理由は何ですか？
◎や○が良い理由

△や×が良くない理由

【ワーク3】あなたならどのように質問しますか？　具体的な場面を想定して書いてみましょう。

【まとめ】他の人の考えも参考にして，大切なことをまとめておきましょう。

## No. 2213 質問する③ ～後から…～

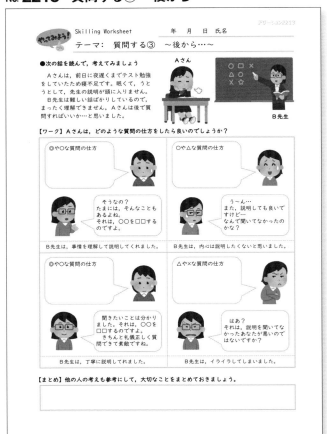

104

# ▶ 断るアサーション・ワーク

### ワークシートのねらい

相手と自分の双方が納得する断り方ができる。

### ワークシートのリスト

- □ No. **2214** 断る① ～誘われたけど１～
- □ No. **2215** 断る② ～誘われたけど２～
- □ No. **2216** アサーティブな言い方①
- □ No. **2217** アサーティブな言い方②
- □ No. **2218** アサーティブな言い方③ ～好みが違う～

## ●ワークシートの進め方

　相手の依頼や要求を断る必要があるとき，調整が上手くできないと関係性が維持できなくなるかもしれません。お互いの意見や提案を理解し合うためには，アサーティブな表現を用いて対話を進めることが求められます。相互のリスペクトがあることで，双方が納得するウィンウィンな解決策に向かうことができます。

　「No. 2214 断る① ～誘われたけど１～」では，友達からの遊びの誘いという日常的なシチュエーションにおいても，断る場合にはアサーティブな表現が必要なことへの気付きを促します。また，断る場合には，相手の提案への感謝，断ることの相手への謝罪，代替案を示すことなどのスキルも必要なことを確認します。

　「No. 2215 断る② ～誘われたけど２～」では，具体的なアサーティブな断り表現を考えます。ワークを通して，学習者がアサーティブな断り方スキルを身に付けることで，他者との信頼が深まり，良好な関係が維持できることの理解を深めていきます。

　「No. 2216 アサーティブな言い方①」以降は，アサーティブな表現のまとめのワークとなります。自らの感情を表現するときにおいてもアサーティブな表現が大切であることを確認します。「No. 2217 アサーティブな言い方②」では，アグレッシブとアサーティブの双方を考えることで，学習者の理解を深め，表現力を高めます。「No. 2218 アサーティブな言い方③ ～好みが違う～」では，アサーティブであることは，相手とのウィンウィンな状態を目指すことでもあることを確認します。自他の双方の感情，考えを尊重するにはどうすれば良いか，選択肢で確認することができます。

## 社会適応 2-2 アサーション・スキル ― 断るアサーション・ワーク

### No. 2214 断る① ～誘われたけど1～

### No. 2215 断る② ～誘われたけど2～

### No. 2216 アサーティブな言い方①

### No. 2217 アサーティブな言い方② ●解答例アリ

# No. 2218　アサーティブな言い方③　〜好みが違う〜

**やってみよう!**　Skilling Worksheet　　　年　月　日　氏名　　　　　アサーション2218

## テーマ：　アサーティブな言い方③　〜好みが違う〜

● 次の話を読んで，考えてみましょう

　AさんとBさんは同級生です。Bさんには，大好きなアイドル○○がいますが，Aさんは好きではありません。別のアイドル△△が大好きです。
　BさんがAさんに「○○って素敵だよね」と写真集を見せてきました。

**【ワーク1】** Aさんは，Bさんにどのような言葉を返したら良いのでしょうか？
次の項目に◎・○・△・×を付けてみましょう。　他の言葉も1つ考えてみましょう。

| | |
|---|---|
| ① | ○○は，格好悪いよ。(相手の否定だけする) |
| ② | 私は，△△の方が絶対に格好いいと思うわ！(自分の主張だけする) |
| ③ | ○○が好きだなんて，Bさんの趣味悪いね。(相手の趣味を否定する) |
| ④ | ○○も素敵だけど，私は△△の方が格好いいと思うよ。(相手を認めつつ自分を主張する) |
| ⑤ | ○○なんて最低だよ。△△のファンになった方がいいよ。(相手を否定して別の提案をする) |
| ⑥ | ○○も△△も，両方素敵だね。(相手の主張に同調して自分の主張をする) |
| ⑦ | ○○もいいね。でも，△△の良さも分かってほしいな。(相手を認めつつ別の提案をする) |
| ⑧ | ○○は最高だね。○○は私も大好きだよ！(相手を全肯定して，自分を主張しない) |
| ⑨ | 他の言葉： |

**【ワーク2】** ◎や○が良い，△や×は良くない理由は何ですか？

◎や○が良い理由

△や×が良くない理由

**【ワーク3】** あなたがAさんなら，Bさんにどのような言葉を返しますか？

**【まとめ】** 他の人の考えも参考にして，大切なことをまとめておきましょう。

社会適応

2-2　アサーション・スキル ── 断るアサーション・ワーク

108

## 社会適応 をテーマとしたスキル
## 2-3 集団参加スキル

【項目】
▶ 集団に入る・誘うワーク
▶ 話し合いのワーク
▶ 行事やグループ活動のワーク
▶ リーダー・フォロワーのワーク

https://www.kyoikushinsha.co.jp/
download/Skillingworksheet_data/2-
3/5MUjuDxWMPDqjarhgD.html

### 【 指 導 の ポ イ ン ト 】

　集団活動への参加には，1対1のコミュニケーションとは異なるスキルが求められます。集団の雰囲気や周囲の感情を理解し，適切に振る舞うためには，感情理解スキルやアサーティブな関わり方が不可欠です。集団参加スキルのワークでは，学習者が集団内で円滑な関係を築き，互いに尊重し合う態度を身に付けることを目指します。

　社交不安を抱える学習者は，まず自分が集団活動を苦手としていることを受け入れることから始め，少人数の集まりから徐々に参加することや，言葉掛けを工夫することで，自信をつけていくことが重要です。

　自己中心的な行動や結果にこだわる姿勢は，集団の士気を下げ，自身の成長を妨げる要因となるため，認知行動スキルやアサーション・スキルを通じて，他者の立場を理解し，協調性を育むことが求められます。

　集団内の人間関係を良好に保つためには，リーダーやフォロワーとしての適切な振る舞いが必要です。意見の相違や衝突が生じた場合でも，学習者が歩み寄り，ウィンウィンの解決策を見つけられるようにサポートすることが大切です。

社会適応

2-3
集団参加スキル ── 集団に入る・誘うワーク

# ▶ 集団に入る・誘うワーク

## ワークシートのねらい

活動の輪に自分から入ったり,友達を誘ったりする。

## ワークシートのリスト

- □ No.2301 集団参加スキルチェック①
- □ No.2302 集団参加スキルチェック②
- □ No.2303 友達に話し掛ける①
- □ No.2304 友達に話し掛ける②
- □ No.2305 友達になる①

- □ No.2306 友達になる②
- □ No.2307 活動の輪に入る

## ●ワークシートの進め方

　学習者は過去のトラウマや自己評価の低さ,社交不安の傾向,成育環境の影響などにより,活動の輪に自ら入ることや,友達を誘うことが難しいことがあります。また,適切なスキルが不足してるために,集団への参加や維持が困難な場合もあります。その結果,新しい経験や友人関係を築く機会を逃したり,学校生活や社会生活の中で不適応状態に陥ったりするかもしれません。集団に参加するためには,自分から積極的に行動し,自信を持って関わることで,集団内での自分の存在感を高めることができるということを理解する必要があります。

　集団参加のワークを進めるに当たっては,まずは,学習者が自らの集団参加の特性や傾向を自覚しておくことが望まれます。「No.2301 集団参加スキルチェック①」において,場の雰囲気を読めているか,ウィンウィンな関係を築くことができているかなどをチェックし,「No.2302 集団参加スキルチェック②」で,ワークを進める上での課題を把握します。

　「No.2303 友達に話し掛ける①」は,自ら行動を起こす勇気が出ない場面でどうするか,「No.2307 活動の輪に入る」は不安や心配から行動が起こせない場面でどうするか,選択式で考えることができます。学習者の特性に合わせてワークを選択してください。

　「No.2304 友達に話し掛ける②」は,より具体的に言葉掛けの内容を考えることで,学習者にとって効果的な方法を確認することができます。「No.2305,2306 友達になる①,②」も同様の構成ですが,登場人物が集団内で孤立している設定のため,集団参加の方法を考えるワークとしては少し難易度が上がったものになっています。

110

## No. 2301 集団参加スキルチェック①

## No. 2302 集団参加スキルチェック②

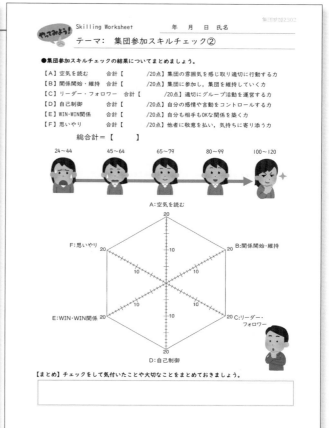

## No. 2303 友達に話し掛ける①

## No. 2304 友達に話し掛ける② ●解答例アリ

2-3 集団参加スキル ― 集団に入る・誘うワーク

社会適応

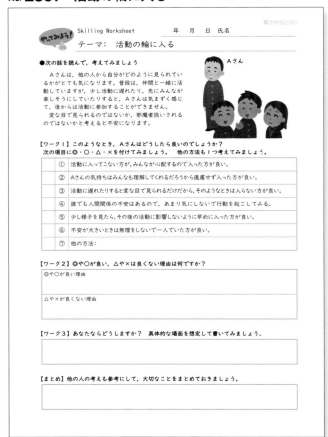

# ▶ 話し合いのワーク

社会適応

2-3 集団参加スキル ─ 話し合いのワーク

## ■ ワークシートのねらい

話し合いなどで,その場に合った適切な言動をする。

## ■ ワークシートのリスト

- □ No. 2308 話し合い① 〜参加しない〜
- □ No. 2309 話し合い② 〜譲らない1〜
- □ No. 2310 話し合い③ 〜譲らない2〜
- □ No. 2311 話し合い④ 〜自分ばかり1〜
- □ No. 2312 話し合い⑤ 〜自分ばかり2〜
- □ No. 2313 話し合い⑥ 〜冗談ばかり1〜
- □ No. 2314 話し合い⑦ 〜冗談ばかり2〜

## ●ワークシートの進め方

円滑なコミュニケーションのためには,周囲の立場や感情を理解し,適切な言葉と態度を用いることが大切です。これは,信頼を得て,存在感を示すためにも必要なことです。しかし,メタ認知が未熟で自己中心的な態度を示すと,人を傷つけたり集団の雰囲気を悪くしたりするかもしれません。話し合いは集団活動の基礎であり,スポーツや各種実習作業などの様々な集団活動にも応用でき,話し合いのワークは個人の振る舞いを見直す機会となります。

「No. 2308 話し合い①〜参加しない〜」では,集団参加への消極的,非協力的な態度について考えます。「No. 2309 話し合い② 〜譲らない1〜」は,自己中心的でわがままを通す行為,「No. 2311 話し合い④ 〜自分ばかり1〜」は,自分の主張ばかりして他者の意見を聞かない行為,「No. 2313 話し合い⑥ 〜冗談ばかり1〜」は,場違いな悪ふざけをする行為について取り上げ,選択式で望ましい言動について考えることができます。学習者のメタ認知が未熟で自覚がない場合には,選択式のワークで課題への気付きを促します。

その上で,「No. 2310 話し合い③ 〜譲らない2〜」「No. 2312 話し合い⑤ 〜自分ばかり2〜」「No. 2314 話し合い⑦ 〜冗談ばかり2〜」で,より具体的な言葉でどうしたら良いのかを考えることが有効でしょう。

なお,話し合いなどのグループ活動のスキル向上には,傾聴や共感の態度も大切です。コミュニケーション・スキルの,相手の気持ちに寄り添う聞き方のワーク「No. 2105 話の聞き方①」を確認しておくことが望まれます。また,自分の意見を言う前に,それが相手にどのような印象を与えるかを考えるメタ認知のサポートが大切です。社会生活スキルの,みんなの気持ちに配慮するワーク「No. 2403 言いたいこと言う?」なども併用すると効果的です。

## 社会適応 2-3 集団参加スキル ― 話し合いのワーク

### No.2308 話し合い① ～参加しない～

**テーマ：話し合い① ～参加しない～**

●次の話を読んで、考えてみましょう

Aさんの学級では、ボランティア活動の案を各班で話し合いました。Aさんは、ボランティアに興味がなく、話し合いも得意ではありません。
みんなは真剣に話し合っていますが、Aさんは、何を聞かれても「どうでもいい。面白くないし。」と、話し合いに加わりません。他の意見も聞かず、きょろきょろとよそ見ばかりです。

【ワーク1】このようなときAさんは、どうしたら良いのでしょうか？
次の項目に◎・○・△・×を付けてみましょう。 他の方法も1つ考えてみましょう。

① 興味のない話は聞く必要もないので、よそ見していても良い。
② 自分が提案しなくても、他の意見を聞き、賛成や反対の態度をきちんと示した方が良い。
③ みんなの意見を聞けば自分の考えが変わるかもしれないので、話を聞いた方が良い。
④ 話し合いが苦手なら、他のことでも考えながら黙っていれば良い。
⑤ 一つは提案できるように、他の意見を参考にじっくり考え直した方が良い。
⑥ 「どうでもいい」などの発言は話し合いにふさわしくないので、言わない方が良い。
⑦ 他の方法：

【ワーク2】◎や○が良い、△や×は良くない理由は何ですか？
◎や○が良い理由
△や×が良くない理由

【ワーク3】あなたがAさんならどうしますか？ 具体的な場面を想定して書いてみましょう。

【まとめ】他の人の考えも参考にして、大切なことをまとめておきましょう。

### No.2309 話し合い② ～譲らない1～

**テーマ：話し合い② ～譲らない…1～**

●次の話を読んで、考えてみましょう

Aさんの学級では、学級レクリエーションの案を各班で話し合いました。Aさんは、大好物のバスケットボールがいいと言って、他の人の意見を聞きません。他の人が別の提案をすると、大声でダメだと怒ります。
大声で怒るAさんに、みんなもイライラして話し合いが進まず、案がまとまりませんでした。

【ワーク1】このようなときAさんは、どうしたら良いのでしょうか？
次の項目に◎・○・△・×を付けてみましょう。 他の方法も1つ考えてみましょう。

① 自分の意見を主張するのは正しいことだから、他の人のことなど気にしなくて良い。
② 賛成や反対に限らず、話し合いは感情的にならずに冷静にした方が良い。
③ 他の人の意見もよく聞いてから、何が良いかみんなで考えた方が良い。
④ みんなを納得させるためには大声を出すことも必要だから怒っても良い。
⑤ 自分も他の人も、どちらも納得できるように自分の意見を考え直した方が良い。
⑥ 自分の意見が1番大切だから、他の人の意見を聞く必要はない。
⑦ 他の方法：

【ワーク2】◎や○が良い、△や×は良くない理由は何ですか？
◎や○が良い理由
△や×が良くない理由

【ワーク3】あなたがAさんならどうしますか？ 具体的な場面を想定して書いてみましょう。

【まとめ】他の人の考えも参考にして、大切なことをまとめておきましょう。

### No.2310 話し合い③ ～譲らない2～　●解答例アリ

**テーマ：話し合い③ ～譲らない…2～**

●次の話を読んで、考えてみましょう

AさんとBさんは、仲の良い幼なじみで、同級生です。学級の班で話し合い活動をしているときに、Bさんは、自分の意見でないとダメだと怒って、みんなの意見を聞こうとしません。話し合いは何も決まらずに終わりました。
話し合いが終わった後で…

【ワーク】Aさんは、どのような言葉を掛けたら良いのでしょうか？

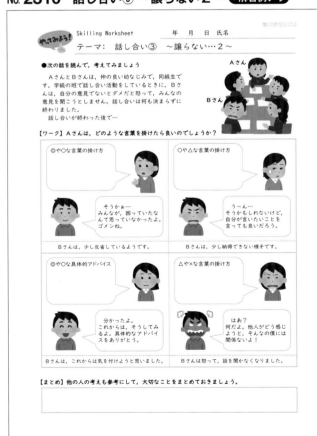

◎や◯な言葉の掛け方
「そうかぁ…みんなが、困っていたなんて思っていなかったよ。ゴメンね。」
Bさんは、少し反省しているようです。

○や△な言葉の掛け方
「う〜ん…そうかもしれないけど、自分が言いたいことを言っても良いだろう。」
Bさんは、少し納得できない様子です。

◎や○な具体的アドバイス
「分かったよ。これからは、そうしてみるよ。具体的なアドバイスをありがとう。」
Bさんは、これからは気を付けようと思いました。

△や×な言葉の掛け方
「はあ？何だよ。他人がどう感じようと、そんなの僕には関係ないよ！」
Bさんは怒って、話を聞かなくなりました。

【まとめ】他の人の考えも参考にして、大切なことをまとめておきましょう。

### No.2311 話し合い④ ～自分ばかり1～

**テーマ：話し合い④ ～自分ばかり…1～**

●次の話を読んで、考えてみましょう

Aさんの学級では、ボランティア活動の案を各班で話し合いました。みんなで意見を出し合いたいのに、いつもAさんが真っ先に話しだし、他の人の順番になっても自分が話し始めます。
他の人が考えてから話そうとすると、割って入って、「○○だよね」と、他の人が言いたいことを先に言ったり、同じことを何度も繰り返して話したりします。

【ワーク1】このようなときAさんは、どうしたら良いのでしょうか？
次の項目に◎・○・△・×を付けてみましょう。 他の方法も1つ考えてみましょう。

① 言いたいことは、言いたいときに、言いたいだけ、言った方が良い。
② 発言の順番を守って、他の人の順番のときに話さない方が良い。
③ 他の人が言いたいことを、先に言ったり、横から口を出したりしない方が良い。
④ 他の人がすぐに話さないのなら、代わりに話しても良い。
⑤ 司会者に、今、自分が発言していいか確認してから話をした方が良い。
⑥ 自分の意見が大切だから、とにかく早く、何回も繰り返して言った方が良い。
⑦ 他の方法：

【ワーク2】◎や○が良い、△や×は良くない理由は何ですか？
◎や○が良い理由
△や×が良くない理由

【ワーク3】あなたがAさんならどうしますか？ 具体的な場面を想定して書いてみましょう。

【まとめ】他の人の考えも参考にして、大切なことをまとめておきましょう。

## No. 2312 話し合い⑤ ～自分ばかり２～

## No. 2313 話し合い⑥ ～冗談ばかり１～

## No. 2314 話し合い⑦ ～冗談ばかり２～

# ► 行事やグループ活動のワーク

**社会適応**

**2-3**

**集団参加スキル**

行事やグループ活動のワーク

## ワークシートのねらい

行事などで,その場にふさわしい行動ができる。

## ワークシートのリスト

- □ No. **2315 チーム対抗のゲームをする**
- □ No. **2316 グループでゲームをする**
- □ No. **2317 職場体験で① ～話を聞く態度１～**
- □ No. **2318 職場体験で② ～話を聞く態度２～**

### ●ワークシートの進め方

　学校生活や社会生活において，イベントやサークル活動の雰囲気を盛り上げたり，儀式的な行事で厳粛な雰囲気を味わったりすることは重要な経験です。参加者同士が楽しい時間や充実した時間を過ごすためには，その場にふさわしい態度が必要です。学習者が，勝ち負けや結果にこだわらず，その場にふさわしい振る舞いができるようになるためには，どのように振る舞うかの技能的スキルに加えて，ものごとの捉え方，考え方を見直すことも大切です。行事やグループ活動のワークでは，どのように振る舞うのか具体的なスキルとその意義について考えます。

　「No. 2315 チーム対抗のゲームをする」「No. 2316 グループでゲームをする」では，勝ち負けにこだわる態度，自分が良ければそれで良いといった考え方や行動が集団の雰囲気に与える影響について考えることができます。

　また，儀式的な行事や社会体験的な行事などマナーが重視される場では，その厳粛な雰囲気に合った言動が求められます。自分が楽しめれば良いと勘違いしたマナー違反や，社会人としての振る舞いが求められる場で学校生活と混同した言動をすることは許されません。

　「No. 2317, 2318 職場体験で①，②」では，職場という中高生の日常とは違った場面での振る舞いについて考えることができます。フォーマルな場での言動について考えることは，学校生活や社会生活の各種式典などにも応用ができます。より具体的な言葉や態度については，社会生活やコミュニケーションのワークとの併用が効果的です。

# 社会適応 2-3 集団参加スキル ― 行事やグループ活動のワーク

## No. 2315 チーム対抗のゲームをする ●解答例アリ

Skilling Worksheet　年　月　日　氏名　　　集団参加2315

テーマ： チーム対抗のゲームをする

●次の話を読んで，考えてみましょう

　AクラスとBクラスが，クラス対抗球技大会でサッカーの試合をしています。Aクラスはミスばかりしていますが，選手も応援も盛り上がっています。Bクラスはミスは少ないのですが，選手も応援も盛り上がっていません。

【ワーク1】チームが盛り上がることとは，どのようなことでしょうか？
次の項目に◎・○・△・×を付けてみましょう。 他の方法も1つ考えてみましょう。

① 上手な人だけがプレーして，負けないようにする。
② 勝ち負けよりもクラスの仲の良さや楽しむことを大切にする。
③ ミスをした人がいたら，腐ったり愚痴ったりして，マイナスの気持ちを表すようにする。
④ プレーとは関係なく，いたずらしたり大声を出したりして，ふざけて楽しむ。
⑤ ミスをした人がいたら，責めたり怒ったりして，気持ちをぶつけるようにする。
⑥ ミスをした人がいたら，「ドンマイ」「次行こう！」など，前向きな応援や声掛けをする。
⑦ クラスの仲の良さやプレーを楽しむよりも「勝ち」にこだわるようにする。
⑧ 他の理由：

【ワーク2】試合や応援が，盛り上がる・盛り上がる理由は何でしょうか？
盛り上がること
盛り下がること

【ワーク3】あなたなら具体的にどのような行動をしますか？

【まとめ】他の人の考えも参考にして，大切なことをまとめておきましょう。

## No. 2316 グループでゲームをする

Skilling Worksheet　年　月　日　氏名　　　集団参加2316

テーマ： グループでゲームをする

●次の話を読んで，考えてみましょう

　Aさんは勝負にこだわります。トランプなどのゲームも自分が勝てなければ納得できません。勝っているときには，「みんな弱いな」や「おまえ下手だな」などと言い，自分が負けると「あいつのせいだ」と人のせいにしたり怒ったりします。今日も一度負けたら，「もう止める！」と言い出しました。

【ワーク1】このようなとき，Aさんはどうしたら良いのでしょうか？
次の項目に◎・○・△・×を付けてみましょう。 他の方法も1つ考えてみましょう。

① 遊びなのだから人のことなど気にせずに，自分の好きなようにすれば良い。
② 負けたりミスをしたりした人には，「弱い」や「下手」と言っても良い。
③ 勝った人には「おめでとう」，負けた人には「次がんばろう」などと言った方が良い。
④ 勝負は負けては意味がないので，勝ちにこだわる方が良い。
⑤ 勝ち負けよりも，自分もみんなも楽しめるように盛り上げた方が良い。
⑥ 相手の気持ちを考えるよりも，相手に自分の気持ちをぶつける方が良い。
⑦ 相手の気持ちを考えて，お互いが嫌な気分にならないように発言には気を付ける。
⑧ 他の方法：

【ワーク2】◎や○が良い，△や×が良くない理由は何ですか？
◎や○が良い理由
△や×が良くない理由

【ワーク3】あなたなら何に気を付けてゲームをしますか？ 具体的な行動を書いてみましょう。

【まとめ】他の人の考えも参考にして，大切なことをまとめておきましょう。

## No. 2317 職場体験で① ～話を聞く態度1～

Skilling Worksheet　年　月　日　氏名　　　集団参加2317

テーマ： 職場体験で①　～話を聞く態度…1～

●次の話を読んで，考えてみましょう

　Aさんは，仲間と一緒に職場体験に来ています。みんなは姿勢を正し，真面目な雰囲気で話を聞いたり質問をしたりしています。
　Aさんは，その雰囲気に関係なく，だらしない恰好で座り，大きな笑い声で冗談を言っていました。会社の人たちは作り笑顔で対応していました。

【ワーク1】このようなとき，Aさんはどうしたらいいでしょうか？
次の項目に◎・○・△・×を付けてみましょう。 他の方法も1つ考えてみましょう。

① その場の雰囲気を感じ取って，その雰囲気に合った態度をした方が良い。
② 話を聞いたり質問したりするのが目的なので，座り方や態度は気にしなくても良い。
③ 話の相手や同席している人たちの気持ちを考えて，自分の気持ちは抑えた方が良い。
④ 相手が笑顔で対応しているのだから，冗談を続けたのは正しい。
⑤ 自分がしている活動の意味をよく考えて，その活動に合った態度をした方が良い。
⑥ 職場体験なのだから，自分中心ではなく大人社会のマナーを守った方が良い。
⑦ 他の方法：

【ワーク2】◎や○が良い，△や×は良くない理由は何ですか？
◎や○が良い理由
△や×が良くない理由

【ワーク3】あなたならどうしますか？ 具体的な場面を想定して書いてみましょう。

【まとめ】他の人の考えも参考にして，大切なことをまとめておきましょう。

## No. 2318 職場体験で② ～話を聞く態度2～

Skilling Worksheet　年　月　日　氏名　　　集団参加2318

テーマ： 職場体験で②　～話を聞く態度…2～

●次の話を読んで，考えてみましょう

　AさんとBさんは幼なじみです。仲間と一緒に職場体験に行きました。みんなは姿勢を正し，真面目な雰囲気で話を聞いていましたが，Aさんは，だらしなく座って，笑ったり冗談を言ったりしていました。会社の人たちは作り笑顔で対応していました。
　Bさんは，少し呆れてしまいました。

【ワーク】Bさんは，どのような言葉を掛けたら良いのでしょうか？

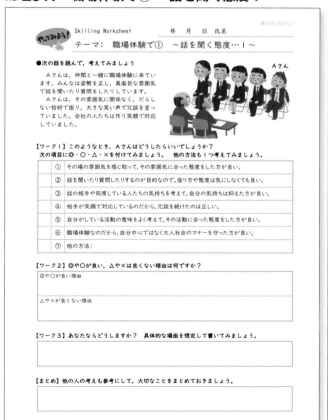

◎や○な言葉の掛け方
「そうかぁ…そんな風に見られていたなんて思っていなかったよ。気を付けないとね。」
Aさんは，少し反省しているようです。

○や△な言葉の掛け方
「う～ん…そうかもしれないけど，自分らしさを出す方が良いだろう。」
Aさんは，少し納得できない様子です。

◎や○な具体的アドバイス
「分かったよ。これからは，そうしてみるよ。具体的なアドバイスをありがとう。」
Aさんは，これからは気を付けようと思いました。

△や×な言葉の掛け方
「はぁ？何だよ。他人がどう感じようと，そんなの僕には関係ないよ！」
Aさんは怒って，話を聞かなくなりました。

【まとめ】他の人の考えも参考にして，大切なことをまとめておきましょう。

# ▶ リーダー・フォロワーのワーク

社会適応
2-3
集団参加スキル
リーダー・フォロワーのワーク

## ワークシートのねらい

リーダーやフォロワーとしてグループ活動へ貢献している。

## ワークシートのリスト

☐ No. **2319** リーダーとして① 〜合唱祭〜　　☐ No. **2321** フォロワーとして①

☐ No. **2320** リーダーとして② 〜体育祭〜　　☐ No. **2322** フォロワーとして②

## ●ワークシートの進め方

　グループを構成するリーダーやフォロワーはそれぞれが適切な振る舞いをしないと，グループの活動が滞ってしまったり，目標を達成できなくなったりします。リーダーはグループの方向性を考え，メンバーを先導するスキルが必要です。フォロワーはリーダーの指示に従い，協力して目標達成に向けた行動をしなければいけません。どちらの立場においても自分勝手な行動や不適切なコミュニケーションは活動の妨げとなります。集団には様々な人や価値観が存在するため，それぞれに配慮した言動が必要なことを確認し，学習者が自分の価値観と周りとのバランスを取り，貢献できるようにします。

　「No. 2319 リーダーとして① 〜合唱祭〜」「No. 2320 リーダーとして② 〜体育祭〜」は，中学校や高等学校では定番の行事リーダーを想定したワークです。リーダーとしての適切な振る舞いを選択肢から検討したり，具体的な言葉掛けや行動の工夫を考えたりすることができます。また，学習者がフォロワーだった場合に，リーダーの気持ちはどうなのかを想像するためのワークとして用いることも有効でしょう。

　「No. 2321, 2322 フォロワーとして①，②」は，生徒会活動をテーマにしています。リーダーに協力する気になれないときや，リーダーが困っているなどの場面で，フォロワーとしての振る舞いを考えるワークです。リーダーのワークもフォロワーのワークも，学習者がどちらの立場であっても，両方に取り組むことが望まれます。

　また，学習者の自己肯定感の低さや基礎的な提案スキル不足に問題がある場合には，「No. 1103 自分の長所を知る」や，「No. 2216, 2217 アサーティブな言い方①，②」などのワークを併用すると効果的です。

## No. 2319 リーダーとして① ～合唱祭～ ●解答例アリ

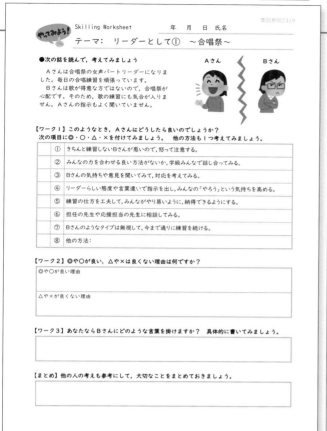

## No. 2320 リーダーとして② ～体育祭～

## No. 2321 フォロワーとして①

## No. 2322 フォロワーとして②

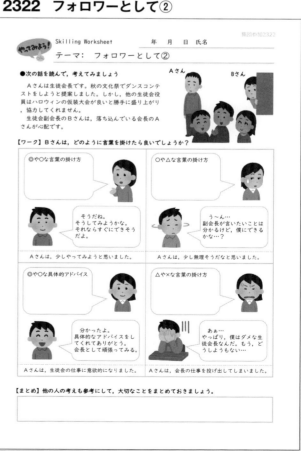

2-3 集団参加スキル ― リーダー・フォロワーのワーク

社会適応

120

## 社会適応 をテーマとしたスキル
# 2-4 社会生活スキル

【項目】
- ▶ みんなの気持ちに配慮するワーク
- ▶ マナーやモラルを守るワーク
- ▶ ルールを守り，正しい行動をするワーク
- ▶ 生活上の問題に対処するワーク

https://www.kyoikushinsha.co.jp/download/Skillingworksheet_data/2-4/D38TQ2G5L7HsE6HZhB.html

## 【指導のポイント】

　社会生活スキルのワークでは，時間を守ることや役割を果たすこと，約束を守ること，ルールやマナーを遵守すること，そしてモラルを守ることが重要なポイントになります。

　時間を守れないと信頼を失い，他者に迷惑を掛けてしまいます。学習者には，時間管理の重要性とその倫理的価値の理解を促します。

　また，役割や約束を果たすことは責任感の表れであり，学習者はその重要性とともに，上手くいかないときにどう対応すべきかを学ぶ必要があります。

　社会生活ではルールや法律を守ることが基本です。違法行為やルール違反は集団の秩序を乱し，深刻な問題を引き起こします。学習者には，行動のメリット・デメリットを考え，将来や他者への影響を理解するメタ認知力を養うことが不可欠です。

　マナーを守ることは，他者に対する配慮であり，学習者自身の評価にも影響します。自己中心的な行動が孤立や信頼の低下につながることを理解しなければなりません。

　モラルを守ることは，社会全体の幸福に寄与し，個人の成功にもつながります。社会的な価値基準や道徳的な基準が曖昧な場合は，他者を困惑させたり傷つけたりすることが許されないということを明確に理解しなければなりません。学習者が，誠実さや公正さ，他者への敬意を持つことの大切さを理解し，自分なりのモラルの基準を確立するよう促します。

# ► みんなの気持ちに配慮するワーク

## ワークシートのねらい

みんなの気持ちや感じ方などを考えて行動する。

## ワークシートのリスト

- □ No.**2401** 社会生活スキルチェック①
- □ No.**2402** 社会生活スキルチェック②
- □ No.**2403** 言いたいこと言う？
- □ No.**2404** 冗談のつもり①
- □ No.**2405** 冗談のつもり②
- □ No.**2406** 悪口

### ●ワークシートの進め方

　学校生活や社会生活では，自分の気持ちだけでなく，他人の立場や気持ちに配慮することが求められます。この他者への配慮は，社会でのマナーやルールを守るための基本となるスキルであり，良好な人間関係を築くための基盤です。他人の立場に立ってものごとを考えられるよう，メタ認知力を育てるサポートが重要になります。

　社会生活スキルのワークを進めるに当たっては，まずは学習者が自らの社会生活スキルの特性や傾向を自覚しておくことが望まれます。「No.2401　社会生活スキルチェック①」において，マナー，モラル，ルールを守ることができているかなどをチェックし，「No.2402　社会生活スキルチェック②」で結果を視覚化し，ワークを進める上での課題を把握しておきます。

　「No.2403　言いたいこと言う？」は，個人の行為が周囲に与える影響について，メリットとデメリットを考えるワークです。自分のメリットのためにすることが，多くの他者のデメリットになり，結果的にはそれが自分のデメリットになることの理解を促します。

　「No.2404　冗談のつもり①」は，親しい間柄の軽い冗談を題材に，何気ない一言がもたらす影響を選択肢から検討することができます。「No.2405　冗談のつもり②」は，軽い一言の影響を，より視野を広げて様々な捉え方があることへの気付きを促します。

　「No.2406　悪口」は，悪口が相手に与える影響を考えますが，自己中心的でメタ認知が未熟な学習者の場合には，自分の発言が悪口に当たるとの認識が甘いこともあり，このワークのように直球で迫ることが有効でしょう。

　なお，学習者が他者の気持ちに配慮するためには，感情理解スキルの感情を読み取るワーク「No.1208 〜 1212　相手の気持ちを読む①〜⑤」を併用すると効果的です。

# 2-4 社会生活スキル — みんなの気持ちに配慮するワーク

## No. 2401 社会生活スキルチェック①

Skilling Worksheet　年　月　日　氏名　　　　　社会生活2401

テーマ：社会生活スキルチェック①

●以下の各項目について、自分にあてはまる程度を数字で答えてください。
とてもよく当てはまる ← 5 4 3 2 1 → まったく当てはまらない　　↓白い空欄に数字を入れる

| ① 提出物などの期限を守っている。 |
| ② 家庭の手伝いをしている。 |
| ③ やると決めた計画は遂行している。 |
| ④ 交通ルールを守っている。 |
| ⑤ 使ったり場所は、片付け・掃除をしている。 |
| ⑥ ネットやSNSに好き勝手なことを書き込んでいない。 |
| ⑦ 5分前行動をしている。 |
| ⑧ 係や当番の仕事を忘れずにしている。 |
| ⑨ 友達との口約束でもきちんと守っている。 |
| ⑩ 盗み、暴力、薬物などの違法行為をしていない。 |
| ⑪ 授業や公共の場で勝手なことをしていない。 |
| ⑫ 席を譲るなど、困っている人を助けている。 |
| ⑬ 遅刻していない。集合に遅れていない。 |
| ⑭ 他者と協力して役割を果たしている。 |
| ⑮ 家庭での決めごとを守っている。 |
| ⑯ 違法アップロードなどネット上の違法行為をしていない。 |
| ⑰ 他人が不快に思う言動は慎んでいる。 |
| ⑱ 嘘をついたり、ものごとをごまかしたりしていない。 |
| ⑲ 終了時間、下校時間などを守っている。 |
| ⑳ 地域のボランティア活動などに参加している。 |
| ㉑ 約束が果たせなかったときは謝っている。 |
| ㉒ 年齢などの各種制限を守っている。 |
| ㉓ 状況に合った挨拶をしている。 |
| ㉔ 公共のものを汚したり壊したりしていない。 |

合計　A B C D E F

## No. 2402 社会生活スキルチェック②

Skilling Worksheet　年　月　日　氏名　　　　　社会生活2402

テーマ：社会生活スキルチェック②

●社会生活スキルチェックの結果についてまとめましょう。

【A】時間締切遵守　合計【　】/20点　時間や期日を守って生活しているか
【B】役割の遂行　合計【　】/20点　自分の役割を果たしているか
【C】約束の遂行　合計【　】/20点　約束を守り、役割を果たしているか
【D】ルール遵守　合計【　】/20点　法律、活動ルールなどを守っているか
【E】マナー遵守　合計【　】/20点　人の迷惑を考えて行動しているか
【F】モラル遵守　合計【　】/20点　人として正しいことをしているか

総合計＝【　】

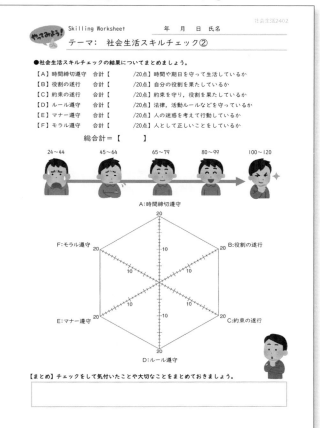

【まとめ】チェックをして気付いたことや大切なことをまとめておきましょう。

## No. 2403 言いたいこと言う？　●解答例アリ

Skilling Worksheet　年　月　日　氏名　　　　　社会生活2403

テーマ：言いたいことを言う？

●次の話を読んで、考えてみましょう

ものごとをするときは、メリットとデメリットの両方を考えることが大切です。何も考えずに「したいことをする」のは、自分にとっても周りの人にとっても「しない方が良かった」ことかもしれません。自分だけでなく、周りの人のメリットとデメリットを考えることで、「大人として」より良い社会生活ができるでしょう。

【ワーク1】ラーメン屋で大学生のAさんが、もやしラーメンを頼んだら、ピーマンがたくさん入っていました。ピーマン嫌いのAさんは、「もやしを頼んだのに最悪だ。ピーマンが入っているよ。まずい！」と大きな声で文句を言いながら食べ、ピーマンをたくさん残しました。

Aさん、お店の人、他のお客さんの立場でメリットとデメリットを考えてみましょう。

|  | 「まずい」と言い、たくさん残す。 | 「まずい」とは言わず、あまり残さない。 |
|---|---|---|
| メリット | Aさん<br>お店の人<br>他の客 | Aさん<br>お店の人<br>他の客 |
| デメリット | Aさん<br>お店の人<br>他の客 | Aさん<br>お店の人<br>他の客 |

【ワーク2】上の内容を見て、Aさんは「大人として」、どうすると良かったのでしょうか？

【まとめ】他の人の考えも参考にして、大切なことをまとめておきましょう。

## No. 2404 冗談のつもり①

Skilling Worksheet　年　月　日　氏名　　　　　社会生活2404

テーマ：冗談のつもり①

●次の話を読んで、考えてみましょう

AさんとBさんは同級生です。普段から仲良く遊んだり協力して活動したりしています。Aさんは、よく冗談を言ってみんなを笑わせています。
ある日、Bさんがメガネをすることになりました。Aさんが「Bさんがメガネザルになった！」と冗談を言って一人で笑っていました。みんなとBさんは苦笑いをしていました。

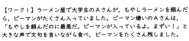
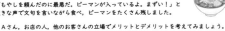

【ワーク1】このようなとき、Aさんはどうしたら良いのでしょうか？
次の項目に◎・○・△・×を付けてみましょう。　他の方法も1つ考えてみましょう。

| ① | みんなを笑わせることは良いことなので、これからも遠慮なく冗談を言って良い。 |
| ② | Bさんは苦笑いだったのだから、内心は嫌だったと思うので謝った方が良い。 |
| ③ | AさんとBさんは仲良しなので、笑いのネタにするような冗談も許される。 |
| ④ | みんなもBさんも笑ったのだから、どんどん冗談を言った方が良い。 |
| ⑤ | 他人のことを笑いのネタや冗談にすることは好ましくないのでやめた方が良い。 |
| ⑥ | 冗談は冗談なのだから、それで傷ついたり怒ったりする方がおかしい。 |
| ⑦ | 他の方法： |

【ワーク2】◎や○が良い、△や×は良くない理由は何ですか？

◎や○が良い理由

△や×が良くない理由

【ワーク3】あなたならどうしますか？　具体的な場面を想定して書いてみましょう。

【まとめ】他の人の考えも参考にして、大切なことをまとめておきましょう。

## No. 2405 冗談のつもり②

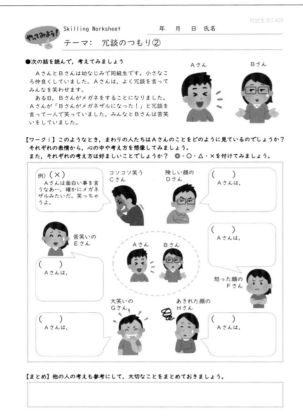

## No. 2406 悪口

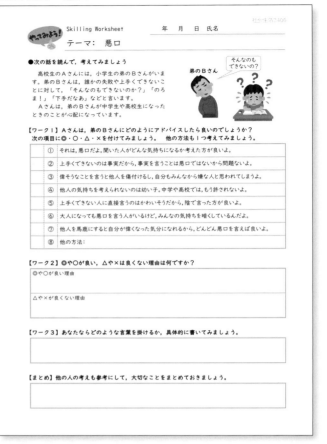

# ► マナーやモラルを守るワーク

## ワークシートのねらい

社会常識やマナー, モラルなどを踏まえて行動する。

## ワークシートのリスト

- □ No. 2407 身だしなみチェック①
- □ No. 2408 身だしなみチェック②
- □ No. 2409 さわやかな身だしなみ①
- □ No. 2410 さわやかな身だしなみ②
- □ No. 2411 食事のマナー
- □ No. 2412 ネタバレ
- □ No. 2413 悪ふざけ
- □ No. 2414 言いたがり

## ●ワークシートの進め方

　社会生活でのマナーやモラルは, 人々が共存するための基本的な規範です。これを無視すると, トラブルが生じたり社会的な非難を受けたりして, 信頼や評価が得られません。好印象を与え, 信頼を得るためには, 他者に敬意を払い, 礼儀正しい態度を取ることが求められます。また, 自分のしたいことが, たとえ法に触れなくても社会的に正しいとは限りません。道徳的に「人として」正しく行動するためには, まず社会常識を学び, 適切な振る舞いを身に付けることが必要です。

　「No. 2407, 2408　身だしなみチェック①, ②」「No. 2411　食事のマナー」は, マナーの基本中の基本となる身だしなみや食事マナーをテーマにしています。ルッキズムに対する反動から近年は見た目にはこだわらない傾向がありますが, 見た目の乱れや見苦しい行為がもたらす他者の不快感や自身の不利益などを理解しておく必要があります。

　「No. 2412　ネタバレ」は映画館,「No. 2413　悪ふざけ」と「No. 2414　言いたがり」は, 教室でのマナー違反行為を取り上げています。いずれも, 他者への配慮に欠ける行為について学習者のメタ認知を促し, 周囲の影響を考え, 人として正しい行動モラルを考えるのに有効です。

　なお, マナーやモラルを守るワークは, 服装や食事, おしゃべり, おふざけなど, 日常的なことを題材にしました。似たような課題を持つ中高生が多いことでしょう。それだけ重要なワークとも言えます。他者へ配慮するマナー, 利他的な行動モラルは, ソーシャル・スキル全般に関わる大切な概念です。

社会適応

2-4 社会生活スキル ── マナーやモラルを守るワーク

社会適応

2-4 社会生活スキル ― マナーやモラルを守るワーク

## No. 2407　身だしなみチェック①

Skilling Worksheet　年　月　日　氏名　　　　　　　社生活2407

テーマ： 身だしなみチェック①

●以下の各項目について、自分にあてはまる程度を数字で答えてください。
5：完璧　4：ほぼ良い　3：まずまず　2：いまいち　1：まったく　　↓数字に○を付ける

① 髪は奇抜な色や形ではない。　　　　　　　　　　　　　　① 5 4 3 2 1
② 髪をきちんと洗い清潔にしている。　　　　　　　　　　　② 5 4 3 2 1
③ 髪の長さは適切である。長い髪はまとめている。　　　　　③ 5 4 3 2 1
④ 髪をクシやブラシでとかして整えている。　　　　　　　　④ 5 4 3 2 1
⑤ 洗顔をしている。　　　　　　　　　　　　　　　　　　　⑤ 5 4 3 2 1
⑥ 歯磨きをしている。虫歯を放置していない。　　　　　　　⑥ 5 4 3 2 1
⑦ ヒゲ，鼻毛，むだ毛などの処理をしている。　　　　　　　⑦ 5 4 3 2 1
⑧ 目ヤニ，耳垢などがない。眼鏡が汚れていない。　　　　　⑧ 5 4 3 2 1
⑨ 服は，汚れていない，臭わない，シワだらけでない。　　　⑨ 5 4 3 2 1
⑩ 服は，穴や破れがあったりボタンが取れたりしていない。　⑩ 5 4 3 2 1
⑪ 袖先が汚れていない。袖のボタンをとめている。　　　　　⑪ 5 4 3 2 1
⑫ 季節や気温に合った服装をしている。　　　　　　　　　　⑫ 5 4 3 2 1
⑬ シャツ出しなど着崩れていない。ボタンをとめている。　　⑬ 5 4 3 2 1
⑭ ベルト，リボン，ネクタイ，名札などを正しく付けている。⑭ 5 4 3 2 1
⑮ スカートやズボンの長さが適切。服のサイズが合っている。⑮ 5 4 3 2 1
⑯ 鏡を見て全身の身だしなみを確認している。　　　　　　　⑯ 5 4 3 2 1
⑰ 下着，肌着などは毎日変えている。　　　　　　　　　　　⑰ 5 4 3 2 1
⑱ 運動後などの汗や体の汚れをきれいにしている。　　　　　⑱ 5 4 3 2 1
⑲ 手洗いしている。ハンカチを持ち歩いている。　　　　　　⑲ 5 4 3 2 1
⑳ 手足の爪を切り，爪の先や指の間まできれいにしている。　⑳ 5 4 3 2 1
㉑ 靴下・ストッキングは，穴や伝線がない。　　　　　　　　㉑ 5 4 3 2 1
㉒ 靴下・ストッキングは，汚れていない。　　　　　　　　　㉒ 5 4 3 2 1
㉓ 靴は，破損やひどい汚れ，ひどい臭いがない。　　　　　　㉓ 5 4 3 2 1
㉔ 靴のつぶし履きをしていない。ひもを正しく結んでいる。　㉔ 5 4 3 2 1

## No. 2408　身だしなみチェック②

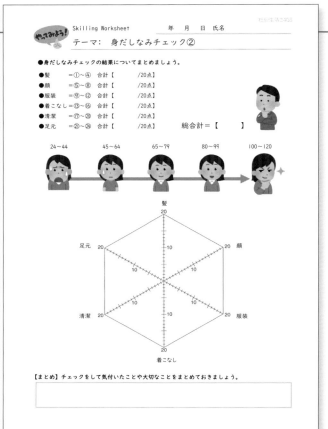

## No. 2409　さわやかな身だしなみ①　●解答例アリ

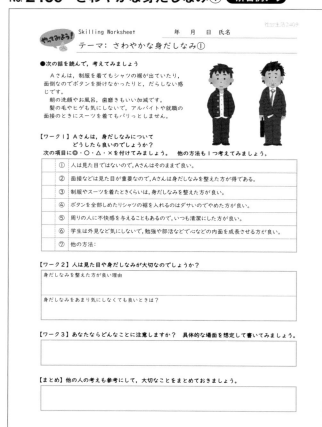

## No. 2410　さわやかな身だしなみ②

## No. 2411 食事のマナー

## No. 2412 ネタバレ

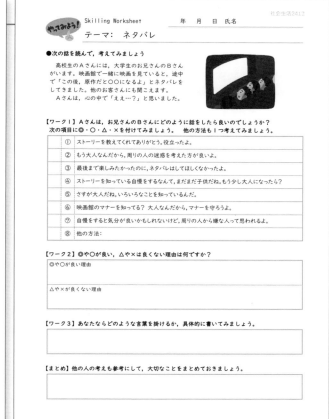

## No. 2413 悪ふざけ

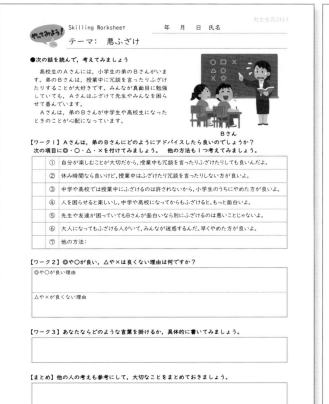

## No. 2414 言いたがり

社会適応

2-4 社会生活スキル ― マナーやモラルを守るワーク

# ► ルールを守り，正しい行動をするワーク

**社会適応**

**2-4**

**社会生活スキル**

ルールを守り，正しい行動をするワーク

## ワークシートのねらい

社会生活のルールを守り，正しい行動をする。

## ワークシートのリスト

☐ No. **2415** みんながするから①
☐ No. **2416** みんながするから②
☐ No. **2417** 嘘をついたら① 〜遅刻〜
☐ No. **2418** 嘘をついたら② 〜知ったかぶり〜

☐ No. **2419** 言い訳したら① 〜遅刻〜
☐ No. **2420** 言い訳したら② 〜ごまかす〜

### ●ワークシートの進め方

　法律や社会的ルールの違反は，中高生の集団の中ではその重要性が意識されないことがあります。ルールを守ることでトラブルを避け，信頼と良好な人間関係を築けることを学ぶ必要があります。そのためには，他者への配慮や敬意を示し，自己管理を徹底することが重要です。また，ルールを知らなかった，みんなもしているといった言い逃れをしないよう，社会的ルールの知識と遵守意識を高めることが求められます。

　「No. 2415 みんながするから①」は，ワークシート上にはいじめの言葉は入れませんでしたが，いじめについて考えるワークです。いじめは深刻なルール違反です。学校ではよく取り上げられるテーマであり，中高生は「ダメ，絶対」と短絡的な解答をしがちです。上辺だけの解答にならないように，選択肢の一つ一つを丁寧に検討することが大切です。「No. 2416 みんながするから②」も，同じくいじめ問題を取り上げています。いじめには何らかのメリットがあるからこそなくならないことを理解し，そのメリットが決して許されるものではないことと，多大なデメリットを生み出すものであることを学びます。

　「No. 2417 嘘をついたら① 〜遅刻〜」「No. 2418 嘘をついたら② 〜知ったかぶり〜」は，嘘が引き起こす問題をテーマにして，正直であることの大切さを考えることができます。

　「No. 2419 言い訳したら① 〜遅刻〜」「No. 2420 言い訳したら② 〜ごまかす〜」は，アルバイトでのトラブルをテーマにし，自分の非を素直に認めることの大切さを考えます。

## No. 2419　言い訳したら①　～遅刻～

**Skilling Worksheet**　　年　月　日　氏名

テーマ：　言い訳したら①　　～遅刻～

Aさん　店長のBさん

●次の話を読んで，考えてみましょう

　Aさんは，遊んでいてバイトに遅れました。店長のBさんから，約束した時間に遅れた理由を聞かれて，Aさんは「ちょっと用事があって…」と言い訳しました。
　店長のBさんが「まったく，約束した時間も守れないなんて…」と呆れていると，Aさんは「でも，…」と言い訳を続けます。

【ワーク1】このようなとき，BさんはAさんにどのような言葉を掛けたら良いのでしょうか？
　次の項目に◎・○・△・×を付けてみましょう。　他の声掛けも1つ考えてみましょう。

| ① | 「用事があったのなら，しかたないわね。」と言い訳を認め，Aさんを叱ったり責めたりしない。 |
| ② | 「約束した時間が守れないなんて，社会人として許されない。」とAさんを厳しく叱る。 |
| ③ | 「約束した時間に遅れたなら，言い訳よりも謝ることが先です。」とAさんに教える。 |
| ④ | 「約束した時間に遅れるときは，まずは連絡をすること。」とAさんに教える。 |
| ⑤ | 「次に約束した時間に遅れたら，バイトを辞めてもらいます。」とAさんに警告する。 |
| ⑥ | 「ああ，そうなの。」と言い訳は聞き流し，もう，Aさんのことは信用しない。 |
| ⑦ | 「時間も守れないような人には，高い賃金は払えません。」とAさんの時給を下げる。 |
| ⑧ | 他の声掛け： |

【ワーク2】◎や○が良い，△や×は良くない理由は何ですか？

◎や○が良い理由

△や×が良くない理由

【ワーク3】あなたが店長さんなら，どのような言葉を掛けるか具体的に書いてみましょう。

【まとめ】他の人の考えも参考にして，大切なことをまとめておきましょう。

## No. 2420　言い訳したら②　～ごまかす～

**Skilling Worksheet**　　年　月　日　氏名

テーマ：　言い訳したら②　　～ごまかす～

Aさん　店長のBさん

●次の話を読んで，考えてみましょう

　Aさんは，バイト中に手を滑らせて商品を壊してしまいました。店長のBさんから，理由を聞かれると，Aさんは「お客さんが押してきて…」と嘘の言い訳をしました。
　店長のBさんは，他の店員から報告を受けていて，それが嘘だと分かっていましたが，「それで？」と話を続けると，Aさんは嘘の言い訳を続けました。

【ワーク1】このようなとき，BさんはAさんにどのような言葉を掛けたら良いのでしょうか？
　次の項目に◎・○・△・×を付けてみましょう。　他の声掛けも1つ考えてみましょう。

| ① | 「それは，しかたないね。」と言い訳を認め，Aさんを叱ったり責めたりしない。 |
| ② | 「仕事のミスをごまかすなんて，絶対に許されない。」とAさんを厳しく叱る。 |
| ③ | 「商品を壊したなら，言い訳よりも謝ることが先です。」とAさんに教える。 |
| ④ | 「もう嘘は聞きたくありません。」とAさんを突き放し，Aさんには仕事をさせない。 |
| ⑤ | 「失敗は誰にでもあるのだから，正直に話すことが大切だよ。」とAさんに優しく教える。 |
| ⑥ | 「仕事は，報告，相談が大切です。」と，Aさんに社会人としての常識を教える。 |
| ⑦ | 「嘘の言い訳を続けるなら，バイトを辞めてもらいます。」とAさんに警告する。 |
| ⑧ | 他の声掛け： |

【ワーク2】◎や○が良い，△や×は良くない理由は何ですか？

◎や○が良い理由

△や×が良くない理由

【ワーク3】あなたが店長さんなら，どのような言葉を掛けるか具体的に書いてみましょう。

【まとめ】他の人の考えも参考にして，大切なことをまとめておきましょう。

---

社会適応

2-4

社会生活スキル —— ルールを守り，正しい行動をするワーク

# ▶ 生活上の問題に対処するワーク

## ワークシートのねらい

生活上の問題を自力で対応したり助けを求めたりして解決できる。

## ワークシートのリスト

- ☐ No. **2421** 見てしまったら
- ☐ No. **2422** 万引きを強要された①
- ☐ No. **2423** 万引きを強要された②

### ●ワークシートの進め方

　学校生活や社会生活においては様々な社会的な問題，違法行為に関わるような問題に直面することがあるかもしれません。このようなときに学習者の問題対処のスキルが未熟な場合，ストレスや不安を抱えたまま問題が放置され，悪影響が広がることになります。また，適切な人や機関に相談するスキルが未熟な場合にも，問題の解決が遅れたり深刻化したりします。

　生活上の問題に対処するワークに取り組む際には，冷静に状況を分析し，複数の解決策を検討して最適な方法を選ぶ力を養うことが大切です。また，問題が自力で解決できない場合には，友人や家族，専門家に相談するスキルを身に付け，多様な視点から助けを求められるようにします。

　「No. 2421 見てしまったら」は，万引きをテーマにしています。社会的な刑罰を受ける犯罪の中では，中高生にとって最もよく耳にすることかもしれません。悪いことであることの理解はできているでしょうが，どのように防ぐのか，いかに思い止まるのかを選択肢から検討することができます。

　「No. 2422 万引きを強要された①」は，同じく万引きがテーマですが，強要，恐喝，暴力などの要素が加わり自力解決が難しい設定となっていて，誰かに相談することの大切さに気付くことができます。「No. 2423 万引きを強要された②」は①と同じ設定ですが，具体的な行動を自ら考えるワークとなっています。

　なお，トラブルについて相談することは，悩みを打ち明け相談するスキルに関わります。ストレス対処スキルの困っていることを相談するワーク「No. 1415　この悩み，誰に相談する？」を併用すると効果的です。

社会適応

2-4 社会生活スキル ― 生活上の問題に対処するワーク

## No. 2421 見てしまったら

**Skilling Worksheet**　年　月　日　氏名　　　　　　社会生活2421

テーマ： 見てしまったら

●次の話を読んで，考えてみましょう

ある日，Aさんが買い物に行くと，お店には同級生のBさんがいました。
Aさんが声を掛けようかなと思って見ていたら，Bさんは商品をカバンの中に隠し，代金を払わずに店を出ていってしまいました。

【ワーク1】このようなとき，Aさんはどうしたら良いのでしょうか？
次の項目に◎・○・△・×を付けてみましょう。　他の方法も1つ考えてみましょう。

① Bさんを追いかけて「すぐに戻って代金を払った方がいいよ！」と助言する。
② 面倒なことには関わらないようにするため，見なかったことにする。
③ お店の人に見たことについて伝える。
④ Bさんに会いに行き，商品を返すなど問題を解決するように説得する。
⑤ Bさんの家族の人に，見たことについて伝える。
⑥ Aさんの親や学校の先生に，見たことについて相談する。
⑦ Bさんに会いに行き，なぜそのようなことをしたのか事情を聴いてみる。
⑧ 他の方法：

【ワーク2】◎や○が良い，△や×は良くない理由は何ですか？

◎や○が良い理由

△や×が良くない理由

【ワーク3】あなたならどうしますか？　具体的な行動を書いてみましょう。

【まとめ】他の人の考えも参考にして，大切なことをまとめておきましょう。

## No. 2422 万引きを強要された①

**Skilling Worksheet**　年　月　日　氏名　　　　　　社会生活2422

テーマ： 万引きを強要された①

●次の話を読んで，考えてみましょう

ある日，Aさんは怖い先輩に「万引きをしてこい。できなければ殴る。」と脅されました。Aさんは，逆らうことができずに「分かった」と言いましたが，Aさんは，万引きをすることも，殴られることも，どちらも怖くて頭が混乱しています。

【ワーク1】このようなとき，Aさんはどうしたら良いのでしょうか？
次の項目に◎・○・△・×を付けてみましょう。　他の方法も1つ考えてみましょう。

① 怖い先輩でも，きっぱりと「万引きは犯罪だからできない」と言い返す。
② 万引きはしない。怖い先輩には会わないようにするために家に閉じこもる。
③ 友達などからお金を借りて商品を買い，それを先輩に渡す。
④ 心の悩み電話相談センターや警察青少年課に相談してみる。
⑤ 「分かった」と言ったのだから，万引きして商品を先輩に渡す。
⑥ Aさんの親や学校の先生に，脅されたことを相談する。
⑦ ただの脅しだから，怖い先輩を無視して，普通に生活を送る。
⑧ 他の方法：

【ワーク2】◎や○が良い，△や×は良くない理由は何ですか？

◎や○が良い理由

△や×が良くない理由

【ワーク3】あなたがAさんならどうしますか？　具体的な行動を書いてみましょう。

【まとめ】他の人の考えも参考にして，大切なことをまとめておきましょう。

## No. 2423 万引きを強要された②　●解答例アリ

**Skilling Worksheet**　年　月　日　氏名　　　　　　社会生活2423

テーマ： 万引きを強要された②

●次の話を読んで，考えてみましょう

ある日，Aさんは怖い先輩に「万引きをしてこい。できなければ殴る。」と脅されました。Aさんは，逆らうことができずに「分かった」と言いましたが，万引きをすることも殴られることも，どちらも怖くて，友達のBさんに相談しました。

【ワーク】Bさんは，どのような言葉を掛けたら良いのでしょうか？

◎や○な言葉の掛け方
そうだね。それは良い案かもね。考えてみるよ。
Aさんは，少し考えてみることにしました。

○や△な言葉の掛け方
う〜ん…ちょっと，それは…できるかなぁ…
Aさんは，少し納得できません。

◎や○な具体的アドバイス
分かったよ。そうしてみる。具体的なアドバイスをありがとう。
Aさんは，正しい行動をしました。

△や×な言葉の掛け方
えぇ…？そんなあ…僕は，もうおしまいだ…
Aさんは，さらに落ち込んでしまいました。

【まとめ】他の人の考えも参考にして，大切なことをまとめておきましょう。

## 社会適応 をテーマとしたスキル
# 2-5 ネット社会生活スキル

【 項 目 】
- ▶ 好ましいネット利用のワーク
- ▶ ネット上のマナーやモラルを守るワーク
- ▶ ネットトラブルを回避するワーク
- ▶ ネットトラブルに対処するワーク

https://www.kyoikushinsha.co.jp/download/Skillingworksheet_data/2-5/d7L53pqoGBRBEroHr8.html

## 【 指 導 の ポ イ ン ト 】

　近年，インターネット社会の重要性が増し，中高生にとってはリアル社会よりもネット社会が重視されることもあります。しかし，ネット利用には多くのリスクが伴います。例えば，ネットの情報を過信すると，誤った判断からリアルな問題を引き起こすことがあります。ネット上で知り合った人に会うことで詐欺やストーカー行為などの危険にさらされるリスクも高まります。スマホやネットの過度な利用が依存症につながり，心身の健康に悪影響を与えることもあります。

　ネット上での軽率な行動が深刻な人権問題に発展することもあるので，個人情報の扱いや他者への配慮が必要です。また，オンラインセキュリティーやプライバシーについての知識が不足していると，情報漏洩や架空請求などの法的トラブルに巻き込まれる危険性が高まります。オンラインショッピングやゲームの決済に関しても，信頼できるサイトを利用し，規約や返品ポリシーを確認することが求められます。

　これらの問題に対応するために，ネット社会生活スキルのワークでは，ネットとリアルの双方の行動スキルにアプローチすることがポイントになります。ネット社会の知識を深め，法やルールを守る道徳的なスキルと，リアル社会での安全で健全な行動スキルを養うことが重要です。また，ネット依存や人権問題に関するリスクを理解し，適切な対処法や相談方法を身に付ける必要があります。特に，ネット契約や金銭トラブルに関しては，信頼できる情報源を利用し，不明な請求があった場合には速やかに対応する意識を持つことが大切です。

## ► 好ましいネット利用のワーク

**社会適応**

**2-5**

**ネット社会生活スキル**

好ましいネット利用のワーク

### ■ ワークシートのねらい

リアルとネットの違いをわきまえている。

### ■ ワークシートのリスト

☐ No. **2501 スマホやネット利用の危険度チェック①**
☐ No. **2502 スマホやネット利用の危険度チェック②**
☐ No. **2503 ネットとリアル ～言葉遣い～**
☐ No. **2504 ネット中心生活① ～アイドル好き1～**
☐ No. **2505 ネット中心生活② ～アイドル好き2～**
☐ No. **2506 ネット中心生活③ ～ゲーム優先～**

### ●ワークシートの進め方

　ネット社会の情報やコミュニケーションはリアル社会とは異なるため，ネット上の経験をリアル社会に当てはめるとトラブルが起こることがあります。特に中高生は，ネット社会がリアル社会よりも大きな影響力を持つことがあり，両方の社会生活スキルを身に付ける必要があります。また，ネット中心の生活や依存に陥る危険もあるため，学習者がそのリスクに気付き，リアルな世界での健全な行動を考えることが大切です。

　「No.2503 ネットとリアル～言葉遣い～」は言葉遣いをテーマにしています。学習者自身がネットとリアルを混同した不適切な言動をしていないか気付きを促します。

　「No.2504 ～ 2506 ネット中心生活①～③」は，ネット利用が生活の中心になってしまっている状態について改善策を考え，リアル生活よりもネットを優先する考え方を見直します。リアル社会での行動改善の工夫や，ネット利用の考え方を見直すワークとして有効でしょう。

　なお，ネット社会生活スキルのワークを進めるに当たっては，まずは，学習者が自らのスマホやネットの使い方について自覚しておくことが望まれます。「No.2501，2502 スマホやネット利用の危険度チェック①，②」において，依存傾向，違法行為，金銭問題などをチェックし，課題の把握を促します。

　学習者の行動力にも関わることから，実行機能スキルの行動を改善するワーク「No.1306　決めたことを実行する」などを併用すると効果的です。

## No. 2501　スマホやネット利用の危険度チェック①

## No. 2502　スマホやネット利用の危険度チェック②

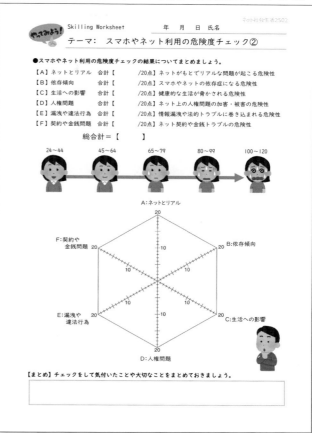

## No. 2503　ネットとリアル　～言葉遣い～　●解答例アリ

Skilling Worksheet　年　月　日　氏名

テーマ：ネットとリアル　～言葉遣い～

●次の話を読んで、考えてみましょう

Aさんはオンラインゲームが大好きです。ゲーム中には、「じゃまだ！どけっ！このボケが！」と激しい口調で言うことがよくあります。
ある日、Aさんが歩いていると、通り道に座り込んで話している人がいました。

【ワーク1】Aさんはどのように考えたら良いのでしょうか？
次の項目に◎・○・△・×を付けてみましょう。他の方法も1つ考えてみましょう。

| ① | ネットもリアルも違いはないので「じゃまだ！どけっ！このボケが！」で良い。 |
| ② | ネットもリアルも、どちらも「じゃまだ」などと激しく言うことは良くない。 |
| ③ | ネットとリアルを混同してはいけないので、態度や言葉は変えた方が良い。 |
| ④ | リアルで知り合いでなければ「すみませんが、通してください」と敬語を使った方が良い。 |
| ⑤ | ネットとリアルで、態度を変えるのは良くないので、激しいか丁寧かのどちらかにする。 |
| ⑥ | ネットでもリアルでも、ボケた人だと思ったら正直にボケと言った方が良い。 |
| ⑦ | リアルでは「じゃまなんだけど、どいてくれる？」ぐらいに軽く言うと良い。 |
| ⑧ | ネットでもリアルでも、「ボケ」は悪口なので絶対に許されない。 |
| ⑨ | 他の方法： |

【ワーク2】◎や○が良い、△や×は良くない理由は何ですか？

◎や○が良い理由

△や×が良くない理由

【ワーク3】あなたがAさんなら、どのように言葉を掛けますか？

| リアル（道を通れないとき） | ネット（ゲーム中にじゃまなとき） |

【まとめ】他の人の考えも参考にして、大切なことをまとめておきましょう。

## No. 2504　ネット中心生活①　～アイドル好き１～

Skilling Worksheet　年　月　日　氏名

テーマ：ネット中心生活①　～アイドル好き…１～

●次の話を読んで、考えてみましょう

Aさんは、大好きなアイドルがいます。何時間でも動画を見ていたり、ファン仲間の友達とSNSに夢中になったりしています。
Aさんは、勉強や家の手伝いのことも、少し気になってはいますが、最近は、夜遅くまで動画やSNSをしたり、生活も乱れてきます。好きなことばかりしていて、家族も心配しています。

【ワーク1】このようなとき、Aさんはどうしたら良いのでしょうか？
次の項目に◎・○・△・×を付けてみましょう。他の方法も1つ考えてみましょう。

| ① | 青春は一度だけだから、思いっきり好きなことをする。 |
| ② | 時間の使い方を工夫して、好きなこともするが、勉強や手伝いにも取り組む。 |
| ③ | 家族と相談して、好きなことをしていい時間を決める。 |
| ④ | 勉強や手伝いを先にして、終わってから好きなことをする時間にする。 |
| ⑤ | 病気になるまでは大丈夫だから、好きなことをする時間は減らさない。 |
| ⑥ | スマホの利用制限機能を使うなど、強制的に好きなことをしていい時間を減らす。 |
| ⑦ | 他の方法： |

【ワーク2】◎や○が良い、△や×は良くない理由は何ですか？

◎や○が良い理由

△や×が良くない理由

【ワーク3】あなたならどうしますか？　具体的な場面を想定して書いてみましょう。

【まとめ】他の人の考えも参考にして、大切なことをまとめておきましょう。

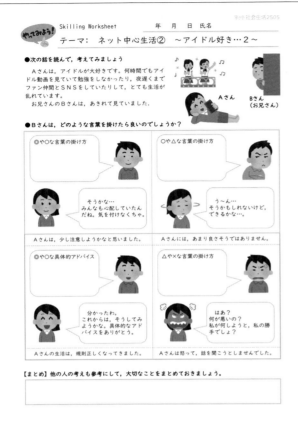

# ▶ ネット上のマナーやモラルを守るワーク

### ワークシートのねらい

ネット上の匿名社会でもマナーやモラルを守る。

### ワークシートのリスト

- □ No. **2507** ネットのモラル① ～書き込み１～
- □ No. **2508** ネットのモラル② ～書き込み２～
- □ No. **2509** ネットのモラル③ ～書き込み３～

## ●ワークシートの進め方

　ネット社会は匿名性が高いため，マナーやモラルを守ることが難しいとされています。しかし，匿名性があるからといってネット社会での行動が自由なわけではありません。SNS上で誹謗中傷や過激な言動をする人や，自己顕示欲を満たすために不適切な発言や行動をする人もいます。これらの行為はネット上での交流を阻害し，トラブルを引き起こす原因となります。

　ネット社会において，学習者がマナーやモラルを守るためには，相手の意見や感情を尊重し，建設的に意見交換することが求められます。相手が嫌な気持ちになるような言動を避け，学習者自身が受け取りたいと思える言葉や行動を相手に向けることが大切です。

　また，人権侵害にあたる誹謗中傷やプライバシー侵害などの行為が，法律的にも問題があることを理解する必要があります。ネット上の情報は一度公開されると簡単に拡散され，デジタルタトゥーとなって完全に消し去ることが難しいことも理解しなければなりません。

　「No. 2507 ～ 2509 ネットのモラル①～③」は，すべてSNSへの書き込みがテーマです。「炎上」しないためにも，SNSへの適切な書き込みの仕方について考えます。また，自分にとってマイナスの感情を起こすような書き込みを見つけても過度な反応はしてはならないことを，マナーの面や法律的な面からも検討することができます。

　なお，道徳心や場の雰囲気を察する力にも関わることから，社会生活スキルのマナーやモラルを守るワーク「No. 2414　言いたがり」などを併用すると効果的です。

**No. 2507　ネットのモラル①　〜書き込み１〜** ●解答例アリ　**No. 2508　ネットのモラル②　〜書き込み２〜**

---

やってみよう！　Skilling Worksheet　　年　月　日　氏名　　　ネット社会生活2507

テーマ：　ネットのモラル①　〜書き込み…１〜

Bさん　Aさん

●次の話を読んで，考えてみましょう

　Aさんは，最近，新しい彼氏のBさんとデートをした。そのときの様子を自慢たっぷりにSNSにアップしました。すると，たまたまその自慢話を読んで，気分の悪くなったCさん（二人とは知り合いではない人）がいました。

【ワーク１】気分の悪くなったCさんは，どのようなコメントを残せば良いのでしょうか？
次の項目に◎・○・△・×を付けてみましょう。　他の方法も１つ考えてみましょう。

| ① | 自慢話は，あなたの印象を悪くするのでやめた方がいいですよ。とアドバイスする。 |
| ② | 素敵な彼氏ですね。羨ましい。とお世辞を書き込む。 |
| ③ | せいぜい楽しんでください。と皮肉を書き込む。 |
| ④ | お前みたいなリア充は呪ってやる。と嫌がらせを書き込む。 |
| ⑤ | 自慢話をされても，こちらの気分が悪くなるだけです。と正直な感想を書き込む。 |
| ⑥ | 無視する。コメントをしない。 |
| ⑦ | 仲良くね。と当たり障りのない書き込みをする。 |
| ⑧ | 自慢をする人は，このSNSから出て行ってほしい。と退会を要求する。 |
| ⑨ | 他の方法： |

【ワーク２】◎や○が良い，△や×は良くない理由は何ですか？

◎や○が良い理由

△や×が良くない理由

【ワーク３】あなたがCさんなら，どうしますか？　具体的な行動やコメントを考えてみましょう。

【まとめ】他の人の考えも参考にして，大切なことをまとめておきましょう。

---

やってみよう！　Skilling Worksheet　　年　月　日　氏名　　　ネット社会生活2508

テーマ：　ネットのモラル②　〜書き込み…２〜

Aさん

●次の話を読んで，考えてみましょう

　Aさんは，自分が参加しているグループSNSにクラスメート二人が楽しそうに自慢している画像がアップされているのを見つけました。Aさんは自慢話に気分が悪くなったので「あの二人を無視しよう」と別のグループSNSにコメントをしました。

【ワーク１】Aさんの行動やコメントについて，どうなるか，どうすると良いか考えてみましょう。
次の項目に◎・○・△・×を付けてみましょう。

| ① | 自慢していた二人が悪いので，他の人たちに無視しようとコメントしても良い。 |
| ② | 無視をするのは二人へのいじめなので，そのようなことをコメントしてはいけない。 |
| ③ | 自分の言いたいことを言えるのがSNSの良さだから，何をコメントしても問題ない。 |
| ④ | 自慢をするような人は，SNSでみんなから責められたり無視されたりしても当然だ。 |
| ⑤ | 二人が知らないところで，二人のことをコメントすること自体が良くないこと。 |
| ⑥ | 自慢で気分が悪くなったとしても，批判的なコメントはしない方が良い。 |
| ⑦ | 無視するなどリアルに許されないことは，SNSでも許されない。 |
| ⑧ | 気分が悪くなったのだから，気分を晴らすために二人を困らせても良い。 |
| ⑨ | SNSはコミュニケーションツールだから，人間関係が悪くなるような使い方は本末転倒。 |

【ワーク２】◎や○が正しい・良い，△や×は正しくない・良くない理由は何ですか？

◎や○が正しい・良い理由

△や×が正しくない・良くない理由

【ワーク３】あなたがAさんなら，どうしますか？　具体的な行動やコメントを考えてみましょう。

【まとめ】他の人の考えも参考にして，大切なことをまとめておきましょう。

---

**No. 2509　ネットのモラル③　〜書き込み３〜**

やってみよう！　Skilling Worksheet　　年　月　日　氏名　　　ネット社会生活2509

テーマ：　ネットのモラル③　〜書き込み…３〜

Aさん

●次の話を読んで，考えてみましょう

　Aさんは，たまたま，デートの様子がSNSにアップされているのを見つけました。自慢話ばかり書いてあったので気分が悪くなり，軽い冗談のつもりで「ゲス野郎，刺すぞ」などの悪口や脅迫のようなコメントを残しました。

【ワーク１】Cさんの行動やコメントについて，どうなるか，どうすると良いか考えてみましょう。
次の項目に◎・○・△・×を付けてみましょう。

| ① | リアルに言えないようなことは，ネットへも書き込みしない方が良い。 |
| ② | ネットの書き込みは誰がしたか分からないので，悪口や脅迫を書き込んでも大丈夫。 |
| ③ | 悪口は人の心を傷付ける人権侵害行為。ネットもリアルも絶対にしてはならないこと。 |
| ④ | SNS会社は，Aさんのアカウントを停止したり情報を警察に提供したりすることがある。 |
| ⑤ | 自慢話はみんなの気分が悪くなるので，この程度のコメントは問題にはならない。 |
| ⑥ | 気分が悪くなるくらいなら，いちいち見たりコメントをしたりしなければ良かった。 |
| ⑦ | ネット上のことでも，悪口は名誉棄損で訴えられ，裁判で賠償命令が下されることがある。 |
| ⑧ | ネット上のことでも，脅迫罪で警察から逮捕されることがある。 |
| ⑨ | ネットは全ての人に開かれた自由空間なので，思ったことを発言して問題ない。 |

【ワーク２】◎や○が正しい・良い，△や×は正しくない・良くない理由は何ですか？

◎や○が正しい・良い理由

△や×が正しくない・良くない理由

【ワーク３】あなたがAさんなら，どうしますか？　具体的な行動やコメントを考えてみましょう。

【まとめ】他の人の考えも参考にして，大切なことをまとめておきましょう。

# ▶ ネットトラブルを回避するワーク

社会適応

2-5 ネット社会生活スキル｜ネットトラブルを回避するワーク

## ワークシートのねらい

ネットトラブルに巻き込まれないように冷静な行動ができる。

## ワークシートのリスト

- □ No. **2510** ネットの危険① 〜個人情報1〜
- □ No. **2511** ネットの危険② 〜個人情報2〜
- □ No. **2512** ネットの危険③ 〜個人情報3〜
- □ No. **2513** ネットの危険④ 〜誘われた1〜
- □ No. **2514** ネットの危険⑤ 〜誘われた2〜
- □ No. **2515** ネットとお金① 〜課金1〜
- □ No. **2516** ネットとお金② 〜課金2〜

## ●ワークシートの進め方

　ネット社会では言葉や態度，表情から相手の意図を理解することができず，誤解やトラブルが生じやすくなります。軽率な行動を取ると，誹謗中傷や個人情報の漏洩などに繋がることがあります。また，ネット社会には正確でない情報が多く，匿名性が高いため，リアル社会とは異なる常識が存在します。トラブルを避けるためには，マナーやモラルを守るとともに，ネットに潜む危険性を理解することが大切です。

　「No. 2510　ネットの危険①　〜個人情報1〜」では，個人情報流出をテーマにして，最も基本的で最も起こりやすいトラブルの危険性について理解を促すことができます。

　「No. 2511　ネットの危険②　〜個人情報2〜」「No. 2513　ネットの危険④　〜誘われた1〜」の2つも個人情報についてですが，知りえた情報が偽物である可能性を検討するワークです。実際に合ったことがないネット上での友達などについて，その人物情報が信用できるものか，危険性はどの程度なのかを検討するワークです。選択式にしてあるので，視野が狭くなっている学習者の見識を広げるのに有効です。

　「No. 2512　ネットの危険③　〜個人情報3〜」「No. 2514　ネットの危険⑤　〜誘われた2〜」は，より望ましい行動について学習者自身が考えるワークになっています。

　「No. 2515, 2516　ネットとお金①，②」は，課金について考えるワークです。自己コントロールの必要性を伝え，学習者自身に合った具体的方策を考えるよう促します。何かをするか・しないかの自己コントロールについては，実行機能スキルの行動を改善するワーク「No. 1305　行動のメリットとデメリット」を併用すると効果的です。

139

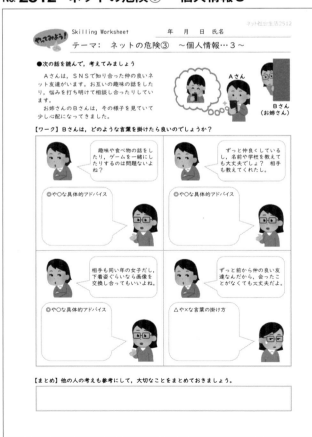

## No. 2514 ネットの危険⑤ ～誘われた2～

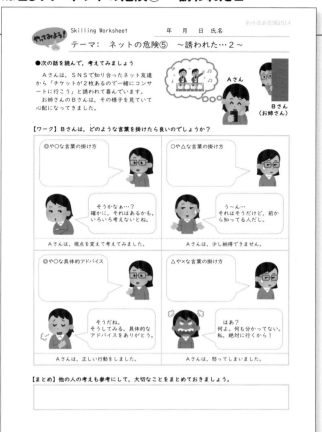

## No. 2515 ネットとお金① ～課金1～

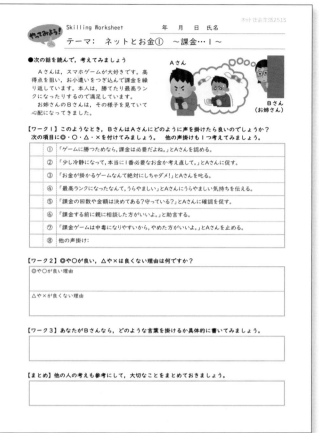

## No. 2516 ネットとお金② ～課金2～ ●解答例アリ

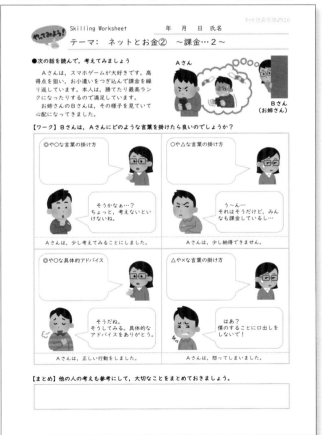

社会適応

2-5 ネット社会生活スキル ― ネットトラブルを回避するワーク

141

# ネットトラブルに対処するワーク

**社会適応**

**2-5**

**ネット社会生活スキル**

ネットトラブルに対処するワーク

## ワークシートのねらい

ネットトラブルの対処法や相談機関を知る。

## ワークシートのリスト

☐ No.**2517 ネットと犯罪① 〜覚えのない請求1〜**
☐ No.**2518 ネットと犯罪② 〜覚えのない請求2〜**
☐ No.**2519 ネットと犯罪③ 〜脅された1〜**
☐ No.**2520 ネットと犯罪④ 〜脅された2〜**

### ●ワークシートの進め方

　学習者がネットトラブルの対処法や相談機関を知らないと，誹謗中傷やストーカー被害などに適切に対応できず，問題を悪化させかねません。中高生がSNSでのいじめに遭遇することは珍しくなく，報告や通報できずに一人で悩み込むこともあります。

　被害に遭った場合はまず冷静さが必要で，相手と対話するか距離を取るかなど，適切な解決策を検討することが大切です。また，日頃からトラブル対処法や相談機関の情報を集めておくことも重要です。ネットトラブルがリアルな被害につながることもあるため，必要に応じて警察や弁護士などの専門家に相談することの理解を促します。

　「No.2517，2518 ネットと犯罪①，②」は架空請求をテーマにしています。特殊詐欺が社会上の大きな問題となっていますが，中高生もその被害に合う可能性があります。ゲームなどの身近なことを例にして，学習者自身がトラブルに合う危険があることを理解し，その対処方法を確認しておくことが大切です。

　「No.2519，2520 ネットと犯罪③，④」は，付きまといや脅迫など，より危険性の高いトラブルについて取り上げました。実際にトラブルになることは少ないかもしれませんが，ストーカーや闇バイトなどは危険度が高いので，トラブル予防として取り組んでおくことが望まれます。

　なお，トラブルについて相談することは，悩みを打ち明け相談するスキルに関わります。ストレス対処スキルの困っていることを相談するワーク「No.1415　この悩み，誰に相談する？」を併用すると効果的です。

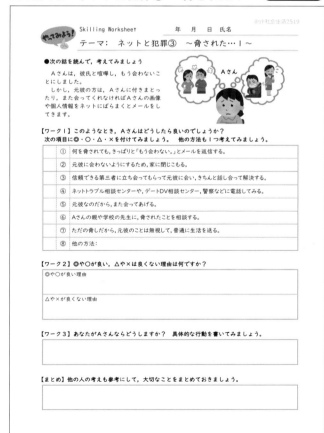
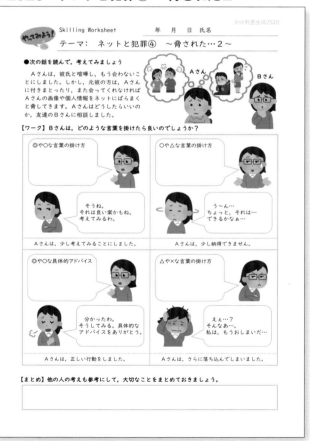

144

# スキリング・ワークシート
# 解答例

No.**1106** 自分の好きと得意

自己肯定1106

 Skilling Worksheet　　年　月　日　氏名　解答例

### テーマ：　自分の好きと得意

● 人それぞれの好きや得意，苦手だけど何とかできることなどがあります。
自分の中では，どれくらいなのか，項目ごとに順位を付けてみましょう。
1，2，3…の数字を入れます。
他の人と比べるのではなく，自分の中で比較してみましょう。

◎習いごと，趣味，よくすること

| 1 | スポーツ系 | 4 | 楽器など音楽系 | 3 | イラストなど美術系 | 2 | ゲームPC系 |
|---|---|---|---|---|---|---|---|
|  | 他： | ◎よくすること： 近所の広場でバスケット ||||||

◎よく出かけるところ(家族とでも・友達とでも・一人でも)

| 2 | 外食・買い物 | 4 | 映画やコンサート系 | 3 | 海や山，自然の中 | 1 | スポーツ系 |
|---|---|---|---|---|---|---|---|
|  | 他： | ◎お勧めのお出かけスポット： 市民スポーツプラザ ||||||

◎よく使うタブレットやスマホのアプリなど(動画などの視聴・ゲームなどは次の欄に)

| 1 | SNS系 | 2 | 調べるなど便利系 | 3 | カメラ・動画編集系 | 4 | 作品創作系 |
|---|---|---|---|---|---|---|---|
|  | 他： | ◎お勧めのアプリなど： チャット機能付きAI ||||||

◎よく見る動画(ネット・配信・テレビなど)

| 2 | 実況や紹介系 | 3 | お笑いや音楽系 | 4 | 衝撃映像系 | 5 | アニメ・ドラマ系 |
|---|---|---|---|---|---|---|---|
| 1 | 他：スポーツ | ◎よく見る動画など： NBAのスーパープレイ集 ||||||

◎ゲーム

| 2 | アクション・サバイバル系 | 6 | パズル・組立系 | 8 | リズム・音楽系 | 4 | ロールプレイ・シミュレーション系 |
|---|---|---|---|---|---|---|---|
| 7 | レース系 | 9 | 育成系 | 3 | シューティング系 | 5 | カード系 |
| 1 | 他：スポーツ | ◎よくするゲーム： オールスターウイニングバスケット ||||||

【まとめ】自己紹介するときに大切なことをまとめておきましょう。

自己紹介するときは、得意なバスケットのことをアピールできるようにしたい。
スポーツ中心の生活だけど、好きなことに思いきり取り組むのは良いことだと思う。

No. **1109** 短所のリフレーミング①

Skilling Worksheet　　　年　月　日　氏名　解答例　　　自己肯定1109

## テーマ：　短所のリフレーミング①

●短所だと思っていることも，見方を変えると長所となります。そのような考え方をリフレーミングと言います。いろいろなリフレーミングを考えてみましょう。

| | |
|---|---|
| 【例：△】私，ついキツイ言い方をしてしまって… <br>【例：○】 それは、あなたが正直だということでしょう。 | 【△】僕は，恥ずかしがり屋で，上手く話しができない… <br>【○】 出しゃばらないから、きっと聞き上手になれるよ。 |
| 【△】僕は，すぐにカチンときて，怒りっぽい… <br>【○】 情熱的ってことだ。感情が豊かなんだよ。 | 【△】私は，おしゃべりで，うるさいって言われる… <br>【○】 明るくて社交的。お話上手ってことだね。 |
| 【△】私は，とにかく怖がりだから… <br>【○】 繊細な心の持ち主。慎重に行動できるね。 | 【△】僕はのろまで，何をやっても遅くなってしまう… <br>【○】 ものごとにじっくり落ち着いて取り組むことができるよ。 |
| 【△】僕は乱暴で，よく物を壊しちゃうんだ… <br>【○】 それはエネルギッシュで活動的ってことでしょ？ | 【△】私は，約束を忘れて迷惑を掛けたりする… <br>【○】 細かいことを気にしない、おおらかな性格なんだね。 |

【まとめ】他の人の考えも参考にして，大切なことをまとめておきましょう。

短所も見方を変えれば、長所となることが分かった。完璧な人間なんていないのだから、自分の良い面に目を向けて前向きに生活しようと思う。

## No.1114 学習の苦手① 〜計算1〜

 Skilling Worksheet　　　年　月　日　氏名　解答例

自己肯定1114

### テーマ：　学習の苦手①　〜計算…1〜

●次の話を読んで，考えてみましょう

中学生のAさんは，計算がとても苦手です。数学に限らず，理科や社会のグラフづくりなどで混乱してしまいます。宿題も思うように進まず，どんどん勉強が嫌になってきました。
大学生のお姉さんのBさんは，Aさんのことが少し心配になりました。

【ワーク1】このようなとき，BさんはAさんにどのような言葉を掛けたら良いのでしょうか？
次の項目に◎・○・△・×を付けてみましょう。　他の方法も1つ考えてみましょう。

| △ | ① | 計算ができないなんて大変。たくさん計算練習をして力を付けないとダメ！ |
|---|---|---|
| ◎ | ② | 先生に相談して，自分にできる問題にしたり，量を減らしてもらったりしたら？ |
| ○ | ③ | 整数の問題とか，簡単なものだけは自分でするようにした方がいいよ。 |
| ○ | ④ | 計算練習でなければ，正しい処理のためには計算機やタブレットを使った方がいいよ。 |
| ◎ | ⑤ | 先生に相談して，混乱する前に計算機やタブレット使うようにしたら？ |
| × | ⑥ | 計算するのが嫌なら，適当に解答を写しておけばいいよ。 |
| △ | ⑦ | 難しい計算なんてできなくても問題ないわ。計算なんて大学ではAIの仕事だよ。 |
| △ | ⑧ | あなただけしないのはズル。ちゃんとみんなと同じことをして！ |
| ◎ | ⑨ | あなたに必要なものを利用して。みんなと違うことをするのを恥ずかしがらないで。 |
| ○ | ⑩ | 他の方法：友達に教えてもらったらどう？ |

【ワーク2】◎や○が良い，△や×は良くない理由は何ですか？

> 先生に相談して、自分に合った方法で学習する方が良いと思う。
> 本人を追い詰めるような無理なことを要求するのは良くないと思う。

【ワーク2】あなたならどのような言葉を掛けますか？　具体的に書いてみましょう。

> まずは、先生に相談してみたら？きっと、いい方法を教えてもらえるよ。
> 誰かに休み時間に教えてもらったり、手伝ってもらったりするのはどう？

【まとめ】他の人の考えも参考にして，大切なことをまとめておきましょう。

> 何でもみんなと同じにしない。相談して自分に合った方法を工夫した方が良い。本人の辛い気持ちを考えてから、声を掛けた方が良い。

No. 1123　過敏なことがある②

Skilling Worksheet　　年　月　日　氏名　解答例　　自己肯定1123

テーマ：　過敏なことがある②

●次の話を読んで，考えてみましょう

中学生のAさんには，敏感なところがあります。大きな音や突然の音が怖かったり，機械音や話し声などがとても気になったりします。最近は，苦しいので学校に行きたくないと思うほどです。
Aさんは学校生活でも気分が悪くなることがあるとお兄さんのBさん（大学生）に相談しました。

 Aさん　 お兄さんのBさん

●Bさんは，どのような言葉を掛けたら良いのでしょうか？

気になる音がしてくると苦しくなってきて…その場にいたくないの。

◎や○な言葉の掛け方
無理はしない方が良いよ。耐えらないときは、他の部屋で休むとかしたら？

機械の音とか、気になってしょうがないの。集中できる方法はないかな？

◎や○な言葉の掛け方
最近は、ノイズキャンセリングイヤホンとかあるから、使ってみたら？

私一人が辛いのかな。誰にも分かってもらえないし…

◎や○な言葉の掛け方
過敏症の人は、結構いるよ。養護の先生に相談してみると良いよ。

もう嫌なの！学校にも、どこにも行きたくない。

△や×な言葉の掛け方
そんなのわがままだよ。勉強が嫌なだけなんじゃない？

【まとめ】他の人の考えも参考にして，大切なことをまとめておきましょう。

苦手な感覚があったら、工夫して対処する。ただ耐えるのは良くない。相談して非難したり、道具を使って軽くしたりした方が良い。（少しは慣れる練習も必要）

## No.1203　自分の気持ちを表す言葉①

Skilling Worksheet　　　　年　月　日　氏名　解答例　　感情理解1203

### テーマ：　自分の気持ちを表す言葉①

●次の話を読んで、考えてみましょう

　自分の心の状態を言葉で表すことは、自分の気持ちに気付く上でも、相手に自分のことを分かってもらうためにも大切です。
　喜怒哀楽などの感情を表す言葉を使って、自分の気持ちを表現する練習をしてみましょう。

【ワーク】次の感情を表す言葉を使う場面には、どのようなものがあるでしょうか？
　　　　　自分の生活や行動、体験などを当てはめてみましょう。　　　　パート1

| 感情言葉 | ○○のとき、○○すると、○○したので、○○されたので、○○と言われて、など |
|---|---|
| 嬉しい | 私は、( 球技大会でみんなから応援してもらって )、嬉しい。嬉しかった。 |
| 楽しい | 私は、( イラストを描いているときが )、楽しい。楽しかった。 |
| 興奮する | 私は、( 好きなアーティストの動画を見ると )、興奮する。興奮した。 |
| 落ち着く | 私は、( 目を閉じて音楽を聴くと )、落ち着く。落ち着いた。 |
| 怒る | 私は、( 親から勉強しなさいと言われると )、怒る。怒った。 |
| 緊張する | 私は、( 新しいクラスになったとき自己紹介で )、緊張する。緊張した。 |
| 驚く | 私は、( 友達がテレビニュースのインタビューに答えていて )、驚く。驚いた。 |
| 悲しい | 私は、( 育てていた観葉植物が枯れてしまって )、悲しい。悲しかった。 |
| 困る | 私は、( 委員長がいないと私が仕事をすることになるで )、困る。困った。 |
| 焦る | 私は、( 検定の申込用紙を忘れてしまったときに )、焦る。焦った。 |
| 飽きる | 私は、( 漢字練習は、いつも、すぐに )、飽きる。飽きた。 |
| 憂鬱 | 私は、( 夏期講習があると思うと )、憂鬱だ。憂鬱だった。 |
| 苦しい | 私は、( 部活で大会前に特別練習をしたのが )、苦しい。苦しかった。 |
| 悔しい | 私は、( みんなで頑張ったのに体育祭で負けたことが )、悔しい。悔しかった。 |

No. **1208** 相手の気持ちを読む①

Skilling Worksheet　　　年　月　日　氏名　解答例　　感情理解1208

テーマ：　相手の気持ちを読む①

●次のイラストの表情を見て，何があって，どんな気持ちや考えなのか想像してみましょう。
似た表情でも，違った気持ちや状況もあります。いろいろ想像してみましょう。

【例①】テストで点数が良かったので，嬉しいんだ！
【例②】みんなでゲームをして楽しかったんだ！

① どうしよう、困った。嘘がばれたみたい…。
② 私そんなつもりじゃなかったのに、誤解されちゃった。

① へぇー、そんなこともできるんだあ。なるほどね。
② 小さい子どもなのに手伝いして偉いと思うよ。

① テストの点が悪かった…また、悩みが増えた。
② リーダーを任せると言われたけど、私に無理だよ…

① はあ…、駅伝の選手に選ばれなかったよ…。残念。
② 学級レクのアイディアに反対されたんだ。がっくり。

① はあ？ 僕がそんなことするわけないじゃんか！
② いつもいつも「勉強しなさい」ばかり。あーイライラする！

① 第一志望校に合格した！頑張ったんだ！
② プレゼントをありがとう！とっても嬉しい。

① はっ！ 忘れてた。今日はバイトだった。遅れてしまう。
② すみません。うっかり勘違いをしてしまいました。

【まとめ】他の人の考えも参考にして，大切なことをまとめておきましょう。

言葉だけでなく、表情を見て相手の気持ちに寄り添うことが大切。
自分の感情と、その時の表情、相手に与える印象について考えることができた。

## No.1217 アンガー・マネジメント①

Skilling Worksheet　　年　月　日　氏名　解答例　　感情理解1217

テーマ：　アンガー・マネジメント①

●次の話を読んで，考えてみましょう

Aさんは，最近，イライラして爆発しそうになることが増えました。
先生や友達に何か注意されたり，上手くいかないことがあったりすると，頭に血が上りカッとしてきます。身体もカチカチに硬くなって全身が熱くなります。

【ワーク1】あなたがAさんなら，どのように怒りをコントロールしたら良いのでしょうか？
次の項目に◎・○・△・×を付けてみましょう。　他の方法も1つ考えてみましょう。

| | | |
|---|---|---|
| ○ | ① | スー，ハーと10回くらい大きく深呼吸する。 |
| × | ② | 机をバンバン叩いたり，床をドンドン蹴ったりする。 |
| ○ | ③ | 屋外などで身体を動かしたり大声を出したりして身体と心をリフレッシュする。 |
| ◎ | ④ | 怒りのもとになっている人や活動から離れる。その場から出ていく。 |
| ○ | ⑤ | 1，2，3，4，5，6，とゆっくり数を数える。 |
| △ | ⑥ | 叩く，壊す，破るなどしてもよいものに怒りをぶつける。 |
| △ | ⑦ | 目を閉じ，耳をふさぐなど刺激をシャットアウトし，思考を停止する。 |
| ◎ | ⑧ | 怒りとは違うことを考えるために，別の何かを見つめたり観察したりする。 |
| × | ⑨ | 怒りのもとになった先生や友達に，その怒りを思う存分ぶつける。 |
| ○ | ⑩ | ストレッチや弛緩法で身体と心の緊張を解きほぐす。 |
| ○ | ⑪ | 他の方法：家にいるときなら、音楽を聴く |

【ワーク2】◎や○が良い，△や×は良くない理由は何ですか？

◎や○が良い理由
　怒りのもとから目を逸らしたり距離をおいたりすると気が紛れやすいと思う。
　深呼吸やストレッチで身体のこわばりを解くと心も落ち着くと思う。

△や×が良くない理由
　人に怒りをぶつけるのは絶対ダメ。壊してよいものでも、怒りを乱暴に表現しない方がいい。　耳をふさいだり、思考停止して固まったりするのは、相手に失礼かもしれない。

【まとめ】他の人の考えも参考にして，大切なことをまとめておきましょう。

怒りの静め方にもいろいろな方法があることが分かった。自分には効き目が小さい方法もありそうなので、自分に合った方法を見つけたい。

No. **1226** 不安や緊張の温度計

Skilling Worksheet　　　年　月　日　氏名　解答例　　感情理解1226

テーマ：　不安や緊張の温度計

● あなたが，不安や緊張，抵抗感を感じるのは，どのようなことでしょうか？
　学習や諸活動，音や臭いなどの刺激，人やものなどの苦手なこと，避けたいことなどを，「不安や緊張，抵抗感の温度計」として表し，その対処方法を考えてみましょう。

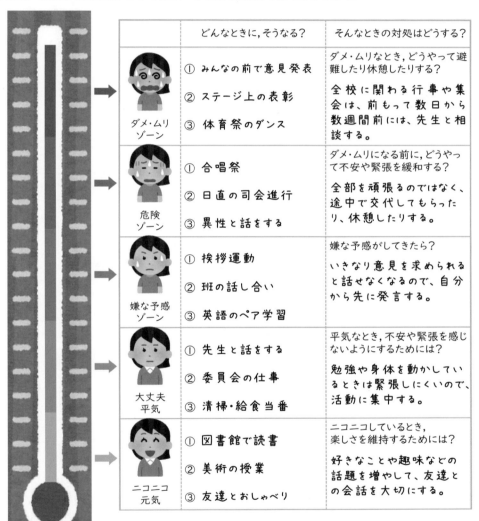

【まとめ】心の状態を目に見える温度計の形にすることで気付いたこと，大切なことなどをまとめておきましょう。

全てのことを同じように活動するのではなく、とても辛いこと、少しだけ辛いことなど、それぞれのレベルに合った工夫をして、できることを増やしていきたい。

No. 1303　行動を改善する①　〜スモールステップ１〜

Skilling Worksheet　　年　月　日　氏名　解答例

実行機能1303

テーマ：　行動を改善する①　〜スモールステップ…１〜

●次の話を読んで，考えてみましょう

　誰にでも不得意や苦手があります。ただ頑張る，いきなり100点を狙う，などでは，なかなか伸びません。
　現状や理想の姿を具体的な行動と数値で表し，まずは「５点アップさせるために取り組むこと」を具体的に設定してみましょう。

【ワーク１】あなたの改善したいことは何ですか？

　家庭学習に、１日90分間取り組むことができない。

【ワーク２】現状，理想の姿などを数値に応じた具体的な行動で表してみましょう。

| 点数 | あなたの状態 | |
|---|---|---|
| 0 | すべてをあきらめる。すべてを投げ出す。もう何もしない。 | 何もできない。 |
| 30 | マズい状態：テスト前もほとんど勉強しないで、ゲームやスマホ | しかできない。 |
| 45 | 少し悪くなると：宿題しかしない　自主学習はテスト前だけ | しかできない。 |
| 50 | 現状は：宿題以外は、たまに30分くらい自主学習に取り組む | ならできる。 |
| 55 | 少し良くなると：自主学習に、毎日30分くらい取り組む | ならできる。 |
| 60 | まずまずな状態：自主学習に、毎日60分くらい取り組む | ならできる。 |
| 80 | 合格ライン：自主学習に、毎日90分以上取り組む | ができる。 |
| 100 | 完璧な理想の姿：志望校に安心して受験できるだけの勉強 | ができる。 |

【ワーク３】５点アップする，ダウンしないためには，生活をどうしたら良いのでしょうか？

５点アップするために取り組むこと
① 毎日習慣化するためには、帰宅後の生活をルーチン化・パターン化する。
② 将来のこと、志望校に受かった自分の姿をイメージする。

５点ダウンしないために注意すること
① 受験生としての態度を身に付けるために、勉強のやる気が出ないときは読書などをする。
② ゲームやスマホの時間を少しでいいから短くしてみる。

【まとめ】他の人の考えも参考にして，大切なことをまとめておきましょう。

　いきなり完璧を目指したり、気合を入れるだけだったりでは、確かに上手くいかないと思う。各教科の計画も、まずは５点アップする方法を考えたい。

No. **1312** 片付けられない②

Skilling Worksheet　　　年　月　日　氏名　解答例　　実行機能1312

テーマ： 片付けられない②

●次の話を読んで，考えてみましょう

Aさんは，大学の寮生活をしています。共同の棚を使っていますが，Aさんのところはいつもグチャグチャになっています。
友達のBさんは，その様子を見ていて少し心配になってきました。

Aさん　Bさん

【ワーク】Bさんは，どのような言葉を掛けたら良いのでしょうか？

「何をどこにしまったか，分からなくなっちゃうの。いろいろ探すと余計に，ぐちゃぐちゃになるし…」

「気が付くと，いつの間にかグチャグチャになっているの。どうしたら，そうならないかな？」

◎や〇な具体的アドバイス

「しまう場所を決める、色分けしておく、ラベリングなどをしておくと、探すときに便利だよ。」

◎や〇な具体的アドバイス

「使い終わったもの、必ずもとの場所に戻すこと。その辺に置かないことが大事だよ。」

「書類も破れたり，しわくちゃになったりするし，大切な書類を無くしたこともあるわ…」

「片付けとか苦手だし，面倒じゃない？」

◎や〇な具体的アドバイス

「紙類は、その場ですぐに封筒や箱に入れる、ファイリングする癖を付けると良いよ。」

△や×な言葉の掛け方

「確かに面倒ことだから、あなたには無理かもね。あきらめたら？」

【まとめ】他の人の考えも参考にして，大切なことをまとめておきましょう。

今まで何も工夫をしないで、自分はダメだ、無理だと思っていたが、ちょっとしたことならできそうなので、まずは「使ったら戻す」をしてみようと思う。

No.1317 健康生活① 〜食事と運動１〜

Skilling Worksheet　　　年　月　日　氏名　解答例

実行機能1317

テーマ：　健康生活①　〜食事と運動…１〜

●次の話を読んで，考えてみましょう

　Aさんは，運動が苦手です。スポーツをやっても，あまり上手にできません。家では体を動かさず，寝転んでスマホばかりです。屋外や体育館などで運動をすることはありません。
　面倒なことや辛いことは嫌いです。食事は食べたいだけ食べたいものをたっぷり食べています。
　最近，友達から，ちょっと考えた方がいいのでは？と言われています。

Aさん

【ワーク１】このようなとき，Aさんはどうしたら良いのでしょうか？
　　　　　次の項目に◎・○・△・×を付けてみましょう。　他の方法も１つ考えてみましょう。

| ○ | ① | 嫌いなものも我慢して食べた方が良い。 |
| × | ② | 好き嫌いや食べ過ぎ，運動不足でも，特に心配することはない。 |
| ◎ | ③ | 近くを散歩したり，家の中でストレッチしたりして，少しは体を動かす方が良い。 |
| △ | ④ | 上手にできないスポーツはつまらないので，ネットゲームなどを楽しむ方が良い。 |
| ○ | ⑤ | たっぷり食べたら，たっぷり運動するように，メリハリを付けた方が良い。 |
| ◎ | ⑥ | 少しだけ食べる量を減らし，少しだけ運動するなど，まずは少しだけ変えてみる。 |
| ○ | ⑦ | 他の方法：食べるものを低カロリー食品にする。 |

【ワーク２】◎や○が良い，△や×は良くない理由は何ですか？

◎や○が良い理由
「少しだけ」がポイントになると思う。最初から無理をしても続かない。
メリハリを付けることも良いと思うが、たっぷり運動は無理かもしれない。

△や×が良くない理由
食べたいだけ食べて運動もしないなら病気になると思う。
課題やした方がよいことがあるのに、現実から目を背けていては何も改善されない。

【ワーク３】あなたの食事や運動はどうしますか？　具体的な場面を想定して書いてみましょう。

食べる量を減らすのは気分的に悲しくなるので、低カロリー食品に変える。
ベッドに寝転ぶよりは、椅子に座るようにする。

【まとめ】他の人の考えも参考にして，大切なことをまとめておきましょう。

無理な目標やマイルールを作っても守れないから、できることから始める。
楽なこと好きなことだけでは、身体だけでなく、心もダメになってしまう。

No. **1324** 将来を見通す② ～適性能力～

Skilling Worksheet 　年　月　日 氏名 解答例

実行機能1324

テーマ： 将来を見通す②　～適性能力～

●次の話を読んで、考えてみましょう

　将来の仕事を考えるとき、興味や関心だけでなく、様々な適性能力についても考慮する必要があります。1つの仕事に1つの能力が必要なのではなく、1つの仕事にも下の①～⑭のような様々な能力が必要になります。

【ワーク1】下の項目の能力について、あなたはどれくらい身に付けているか、◎・○・△・×を付けてみましょう。また、その能力が特に重視される職業を具体的に考えてみましょう。

|   |   | 仕事に必要な能力 | 特に重視される職業など |
|---|---|---|---|
| ◎ | ① | 立ち続ける,強い力を出すなどの体力 | 看護師　店員　建設業 |
| △ | ② | 考える,判断する,工夫する頭脳 | 教師　研究者　IT関連 |
| ○ | ③ | 優しさや人を思いやる気持ち | 保育士　介護士　看護師 |
| ◎ | ④ | 嘘を付かない,法律を守る強い正義感 | 警察官　弁護士　検察官 |
| × | ⑤ | 同じことを繰り返し続ける地道さ | ライン製造業　農業　プログラマー |
| △ | ⑥ | 新しいもの,新しいことを生み出す創造力 | IT関連　芸術家　各種技術開発 |
| ○ | ⑦ | たくさんの人と接したり話したりするスキル | 政治家　教師　各種営業 |
| △ | ⑧ | 大勢から聞いてもらう,見てもらう魅力 | 歌手　ユーチューバー　俳優 |
| △ | ⑨ | 人を驚かせる楽しませるアイディア | ゲームクリエイター　作家　映画業界 |
| ◎ | ⑩ | 遠方や海外などに行く行動力 | 商社　証券会社　不動産業 |
| △ | ⑪ | 早朝,深夜など時間に合わせる調整力 | 医者　コンビニ店員　交代制業務 |
| ◎ | ⑫ | 危険に立ち向かう勇気,慎重さ | 消防士　警察官　自衛官 |
| ○ | ⑬ | 冷静さを保つ力,我慢,忍耐力 | 医療関係　運転手　サービス業 |
| ○ | ⑭ | 他の能力：正確なPC操作や判断 | 会計士　デイトレーダー　証券会社 |

【ワーク2】あなたが重視したい、身に付けたい、高めたい能力は具体的に何ですか？

体力と勇気には自信がある。警察官や消防士など向いているかもしれない。
警察官や消防士も、優しさや冷静さなども高めると、もっと良いと思う。

【まとめ】他の人の考えも参考にして、大切なことをまとめておきましょう。

職業選びは、自分の興味関心を視点に考えることも大切だが、その職業の具体的な仕事を進めるためには、様々な能力が必要なことを考慮しないといけない。

## No.1403 最近，元気が出ない…

ストレス対処1403

 Skilling Worksheet　　　年　月　日　氏名　解答例

### テーマ：　最近，元気が出ない…

●次の話を読んで，考えてみましょう

　Aさんは，最近，元気の出ない日が多くなりました。何かをしようとしても，やる気になれなかったり，何かをしても楽しいと思えなかったりします。ため息ばかりが出ます。
　大学生のお兄さんのBさんは，少し心配になっています。

　Aさん
　お兄さんのBさん

【ワーク1】お兄さんのBさんは，どのような言葉を掛けたら良いのでしょうか？
次の項目に◎・○・△・×を付けてみましょう。　他の方法も1つ考えてみましょう。

| ◎ | ① | 何か心配事でもあるの？ と聞いてみる。 |
|---|---|---|
| × | ② | 何を落ち込んでいるんだよ。元気出せ！ と強く言う。 |
| ○ | ③ | 季節や天気，気圧の変化も関係することがあるみたいだよ。と助言する。 |
| ○ | ④ | 生活の状況を，一つ，一つ，振り返ってみたらどう？ と助言する。 |
| △ | ⑤ | 悩みなんて考え方次第だよ。気にしないことだね。と助言する。 |
| ◎ | ⑥ | まずは，誰か話しやすい人に相談してみたら？ と助言する。 |
| ○ | ⑦ | どうして元気が出ないのか，一緒に考えてみようか？ と提案する。 |
| ○ | ⑧ | 心配ごとを洗い出して，整理してみるといいかもね。と助言する。 |
| ○ | ⑨ | 身体の具合はどう？ 食事や睡眠は大丈夫？ と，まずは健康状態を確認する。 |
| ○ | ⑩ | ストレスに対処するなら，まずは原因が何か考えてみて。と助言する。 |
| × | ⑪ | 他の方法：落ち込んでいるばかりではダメだと叱る。 |

【ワーク2】◎や○が良い，△や×は良くない理由は何ですか？

◎や○が良い理由
アドバイスよりも、まずは相手の気持ちに寄り添って、話を聞くのが良いと思う。
一人で悩んでいるなら、誰か相談しやすい人につなげられるようにしたい。

△や×が良くない理由
元気が出せない人に、無理やり元気を出せと言うのは辛さを倍増すると思う。
気にするなと言うのも相手を見放しているようで、さらに落ち込ませるかもしれない。

【まとめ】他の人の考えも参考にして、大切なことをまとめておきましょう。

何となく気分が晴れないときや落ち込むことなどが私にもある。そうしたことをやり過ごしたり一人で悩んだりしないで、対処や相談をできるようにしたい。

No. **1409** ストレスの原因

ストレス対処1409

 Skilling Worksheet　　年　月　日　氏名　解答例

テーマ：　ストレスの原因

●次の話を読んで，考えてみましょう

　Aさんは，最近，イライラしたり，涙がでてきたりする日が多くなりました。気持ちが不安定になっているようです。周りの人は，Aさんに「ストレスがたまっているのではない？」と声を掛けてきました。
　Aさんは，そうなのかな？と思いました。

【ワーク１】あなたがAさんだとしたら，ストレスの原因になりそうなことはどれでしょうか？
　　　　　次の項目に◎・○・△・×を付けてみましょう。　他の方法も１つ考えてみましょう。

| | | |
|---|---|---|
| ○ | ① | 勉強　授業が分からくなってきた。　テストの点数が良くない。　など |
| ◎ | ② | 親　親から口うるさく言われる。　親子げんかをした。　など |
| ○ | ③ | 家族　兄弟や祖父母などと不仲になった。　ちょっかいを出してくる。　など |
| ◎ | ④ | 友達　仲が悪くなってきた。　SNSなどのやり取りが多くて疲れる。　など |
| × | ⑤ | 部活動・サークル　活動や結果が思わしくない。　上下関係に疲れる。　など |
| ○ | ⑥ | 先生　担任の先生に叱られた。　教科の先生と上手くいかない。　など |
| △ | ⑦ | 環境　家の周りの騒音や臭いなどがひどい。　部屋の暑さ寒さ，天候。　など |
| △ | ⑧ | 諸活動　仕事が大変。　いろいろな役割があって忙しい。　など |
| △ | ⑨ | イベント　心配な行事がある。　面接・面談などがある。　入試が近い。　など |
| ○ | ⑩ | 体調　身体の具合に良くないところがある。　病気になった。　など |
| × | ⑪ | 趣味　楽しいはずのことが上手にできない。　制限されている。　など |
| ○ | ⑫ | 生活　睡眠不足。　食事が不規則，夜更かし。　など |
| ○ | ⑬ | 他の原因：お小遣いが足りない　欲しいものが買えない |

【ワーク２】◎や○を付けたことの具体的な内容は何ですか？

私のストレスの原因は、やっぱり人間関係が大きいと思う。親や友達など近くにいる人との関係が悪くなると、イライラが増えたり不安になったりする。

【まとめ】他の人の考えも参考にして，大切なことをまとめておきましょう。

ストレスについて改めて考えてみると、いろいろなことがストレスの原因になるのだと思った。自分には楽しいことも、他の人にとってはストレスになるのかもしれない。

No. 1412 ストレス・マネジメント②

Skilling Worksheet　　年　月　日　氏名　解答例

ストレス対処1412

テーマ： ストレス・マネジメント②

●次の話を読んで、考えてみましょう

Aさんは、最近、憂うつな日が多くなりました。友達とうまくいかない日があったり、試験の結果が良くない日があったりと、ストレスが大きいようです。
友達のBさんは、Aさんのことが少し心配になってきました。

【ワーク】Bさんは、Aさんにどのようなアドバイスしたら良いのでしょうか？

◎や○な方法
心の不安や緊張は、身体をほぐすといいよ。呼吸法やストレッチがお手軽でオススメ。

確かに、それは、ちょっといいかもね。少しストレスがたまってきたら試してみようかな。

Aさんは、少し何かしてみようかと思いました。

○や△な方法
クヨクヨしていないで、とにかく楽しいことを考えるようにするといいのでは？

う〜ん…どうかな…、それは上手くいくかな？？

Aさんは、少しできるかどうか不安です。

◎や○な方法
心や脳のリフレッシュには、屋外で身体を動かすと良いよ。散歩に出てみたら？

そうだね。今度、気分が落ち込んだら試してみるわ。具体的なアドバイスをありがとう。
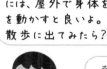 

Aさんは、試してみようと思いました。

△や×な方法
ストレスだとか調子が悪いだとか、ただのわがまま。もっと頑張らないとダメ。

はあ？そんなの無理だよ。私にはできそうにないわ！

Aさんは、さらに落ち込んでしまいました。

【まとめ】他の人の考えも参考にして、大切なことをまとめておきましょう。

ストレスがあるのに何も対処しないでいると心や身体の具合が悪くなる。原因の解決よりも、まずは、自分の気持ちの切り替え、リフレッシュが大切だと思う。

# No.1415 この悩み，誰に相談する？

Skilling Worksheet　　　年　月　日　氏名　ストレス対処1415 解答例

テーマ： この悩み，誰に相談する？

●次の話を読んで，考えてみましょう

　誰にでも不安や悩みがあります。一人では解決が難しいこともあります。そのような場合には，誰かに相談したり助けてもらったりすることが大切です。話を聞いてもらうだけで心が軽くなったり，専門家のアドバイスを実行することで問題が解決したりします。

【ワーク１】あなたが悩みを相談するなら，どのような人や機関が良いのか考えてみましょう。相談しやすいところに◎，相談すると良いところに○を付けてみましょう。

| | 相談したいこと | 友達 知り合い ネット友達 | 父母 兄弟姉妹 祖父母 | 担任や その他の 先生 | 養護教諭 相談員 カウンセラー | 専門家 病院や 警察など | 相談機関 福祉関係 |
|---|---|---|---|---|---|---|---|
| ① | 人間関係(ケンカ・いじめなど) | ◎ | | ○ | ○ | | |
| ② | 身体や健康(食事・睡眠・病気など) | | ○ | | ◎ | ○ | |
| ③ | 心(不安,恐怖,精神状態など) | | ○ | | ◎ | ○ | |
| ④ | 学習(テスト,成績,家庭学習など) | ◎ | ○ | ○ | | | |
| ⑤ | 人生(進路・進学や就職など) | ○ | ◎ | ○ | | | |
| ⑥ | ネット関係(SNS・ゲームなど) | ◎ | | | | ○ | ○ |
| ⑦ | 異性関係(恋愛・ストーカーなど) | ◎ | | | | ○ | |
| ⑧ | 生活問題(家族関係・金銭など) | | | ○ | ◎ | | ○ |
| ⑨ | 他( 部活動・大会 ) | | ○ | ◎ | | | |

【ワーク２】相談機関には，どのようなものがあるか調べてみましょう。

個人的な悩み(身体や心の状態，生活など)について相談できる具体的な人物，機関，団体など
・こころの健康相談統一ダイヤル　　・教育相談センター　　　　・児童相談所
・保健福祉センター　　　　　・病院

ネット(SNS誹謗中傷・個人情報漏洩・架空請求・課金・依存症など)のトラブル
・厚生省紹介のSNS相談　　　　・違法有害情報相談センター
・チャイルドライン支援センター　　・消費生活センター　　　　・依存症外来

人間関係(いじめ・友人・家族・異性・脅迫など)のトラブル
・法務省の電話相談　　　・内閣府のDV相談プラス　　　・警察安全生活課
・みんなの人権110番　　・犯罪被害者支援ダイヤル

【まとめ】他の人の考えも参考にして，大切なことをまとめておきましょう。

友達や家族、先生以外に相談することを考えたことがなかった。専門家を頼ることも必要かもしれない。一人で悩んだり抱え込んだりしないで早めに相談する。

No. 1501　ものごとの考え方・捉え方の傾向チェック①

認知行動1501

Skilling Worksheet　　　年　月　日　氏名　解答例

テーマ：　ものごとの考え方・捉え方の傾向チェック①

●以下の各項目について、自分にあてはまる程度を数字で答えてください。
とてもよく当てはまる ← 5 4 3 2 1 → まったく当てはまらない　　↓白い空欄に数字を入れる

| # | 項目 | 5 | 4 | 3 | 2 | 1 |
|---|---|---|---|---|---|---|
| ① | 自分の生活はこれから悪くなると思う。 |  |  |  | 2 |  |
| ② | 計画は最後までやり遂げるべきだと思う。 |  | 5 |  |  |  |
| ③ | 一つ良くないことがあると，世の中すべてが良くないと思う。 |  |  |  | 2 |  |
| ④ | 友達とトラブルがあると，友達に嫌われたと思う。 |  |  | 3 |  |  |
| ⑤ | 悪いことが起こると，自分のせいではないかと思う。 |  |  |  |  | 1 |
| ⑥ | ものごとは白黒はっきりさせたい。 | 5 |  |  |  |  |
| ⑦ | 今やっていることが，よくない結果になると思う。 |  |  | 3 |  |  |
| ⑧ | きちんとしなければいけない，と自分を追い込む。 |  | 4 |  |  |  |
| ⑨ | 自分の悪い面ばかりに目が行き，良い面を見ない。 |  |  | 3 |  |  |
| ⑩ | ちょっとしたことで他人が自分を悪く見ていると思う。 |  |  |  | 2 |  |
| ⑪ | トラブルやミスは，自分に関係なくても自分を責める。 |  |  |  |  | 1 |
| ⑫ | 勝負は勝ち負けをはっきりさせたい。 |  | 4 |  |  |  |
| ⑬ | これから先は困難なことが多いと思う。 |  |  |  | 2 |  |
| ⑭ | きちんとするべきだったと後悔する。 |  |  | 3 |  |  |
| ⑮ | 自分も他人も性格や態度をキャラなどでレッテルを貼る。 |  |  | 3 |  |  |
| ⑯ | 他人を裏では何を考えているのかと疑う。 |  |  | 3 |  |  |
| ⑰ | 自分たちのグループの失敗は，自分に責任があると思う。 |  |  |  |  | 1 |
| ⑱ | ものごとの結果を完璧か大失敗かで考える。 |  |  | 3 |  |  |
| ⑲ | 悪いことは，繰り返して起こると思う。 |  |  |  |  | 1 |
| ⑳ | 自分の役割は必ず果たすべきだと思う。 | 5 |  |  |  |  |
| ㉑ | 他人の成功は過大評価し，自分の失敗は過少評価する。 |  |  | 3 |  |  |
| ㉒ | ちょっとしたことで自分が避けられていると思うことがある。 |  |  |  |  | 1 |
| ㉓ | 何でも自分に関連づけて考える。 |  |  |  |  | 1 |
| ㉔ | あいまいな状態は落ち着かず，良いか悪いかはっきりさせたい。 |  | 4 |  |  |  |
| 合計 |  | 8 | 17 | 11 | 9 | 4 | 16 |
|  |  | A | B | C | D | E | F |

No. **1502** ものごとの考え方・捉え方の傾向チェック②

 Skilling Worksheet　　年　月　日　氏名　解　答　例　　認知行動1502

テーマ：　ものごとの考え方・捉え方の傾向チェック②

●考え方・捉え方の傾向チェックの結果についてまとめましょう。

【A】先読み　合計【　8　/20点】　　【B】べき思考　合計【　17　/20点】
【C】思い込み　合計【　1　/20点】　　【D】深読み　　合計【　9　/20点】
【E】自己批判　合計【　4　/20点】　　【F】白黒思考　合計【　16　/20点】

総合計＝【　65　】

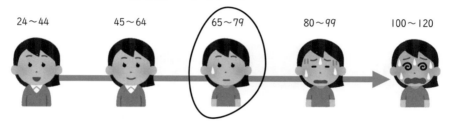

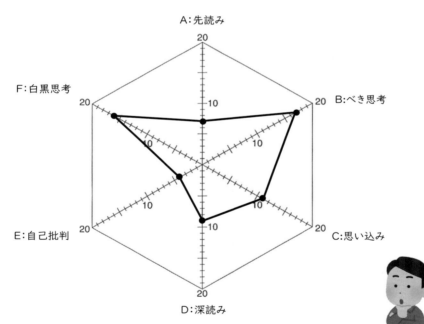

【まとめ】チェックをして気付いたことや大切なことをまとめておきましょう。

これまで自分の「考え方のクセ」を考えてみたことがなかった。自分は白黒をはっきり付けたがる、こうあるべきだと考えるクセがあると気付くことができた。

解答例 スキリング・ワークシート解答例

No.1510 うまくいかない② ～あれもこれも２～

認知行動1510

 Skilling Worksheet　　　年　月　日　氏名　解答例

テーマ：　うまくいかない②　～あれもこれも…２～

●次の話を読んで，考えてみましょう

　Ａさんは，野球の練習や勉強などを頑張っていますが，何かミスをしたり上手くいかないことがあったりすると，とても落ち着かなくなります。イライラしたりモヤモヤしたりして活動に集中できなくなります。ひどいときには怒りが爆発したり悲しくて涙が出たりします。
　お姉さんのＢさんは，気になっています。

Ａさん　Ｂさんお姉さん

●Ｂさんは，どのように言葉を掛けたら良いでしょうか？

「あ～イライラする!!　何度やっても上手くいかない！もういやだ！」

◎や○な言葉の掛け方

初めから全部を完璧にしようと思わないで、一つ一つを分けて挑戦するようにしたら？

「何で～…？？　ちゃんと練習しているのにミスばかりしてしまう。くやしい！」

◎や○な言葉の掛け方

ミスは誰にでもあること。慌てずに気持ちを切り替えてから、もう一度取り組んでみたら？

「悲しいよ…　僕はダメな人間なんだ。何をしてもムダだよ。もう何もしたくない。」

◎や○な言葉の掛け方

まずはリラックスね。少しのんびりしたらどう？リフレッシュできたら考え直してみよう。

「チッ・・・やめ！やめ！もうやめた。ちっともできないし，やるだけムダだ。」

△や×な言葉の掛け方

あなたはいつもそうね。何をやってもダメなんだから、もう、あきらめればいいでしょ。

【まとめ】他の人の考えも参考にして，大切なことをまとめておきましょう。

悩みで頭がいっぱいになると、冷静になれず極端な考え方をする。こうだと決めつけないで、気持ちを切り替えたり、リフレッシュしたりしてから考え直すことが大切。

No. **1517** 天使と悪魔

Skilling Worksheet　　　　年　月　日　氏名　解答例

認知行動1517

## テーマ： 天使と悪魔

●次の話を読んで、考えてみましょう

　誰の心の中にも、天使と悪魔が潜んでいます。天使は正しいことに人を導き、悪魔はそれを邪魔します。多くの人は天使の導きに従って正しく行動しているでしょうが、ときには、悪魔の声を聴いて助かることもあります。

【ワーク】あなたの心の中に潜む、天使と悪魔について考えてみましょう。

【悪魔】
名前　でびるくん
好きなもの
　泣き顔　いたずら

【天使】
名前　アンジェラ
好きなもの
　笑顔　愛　友情

良く出てくる場所・時間
　授業中・部活前

ささやくことが多いこと
　ねてしまえ～
　さぼろうよ～
　ゲームをやろうぜ～

良く出てくる場所・時間
　部活の練習が苦しいとき

ささやくことが多いこと
　ここであきらめるな！
　レギュラーまであと一歩

【悪魔の得意なこと】
　勉強や練習を止めさせる
【苦手なこと】
　頑張る心　ガッツ　将来の夢

【天使の得意なこと】
　未来の夢を見させる
【苦手なこと】
　デビルくん・サボリ魔との対決

【悪魔がささやくと困ること】
　テスト前にもゲームがしたくなる
【助かること】
　勉強で頭が熱くなって爆発しそうなとき

【天使がささやくと困ること】
　身体が限界のときに、もっと頑張れ！
【助かること】
　サボりたいときに止めてくれる

【まとめ】天使と悪魔をうまくコントロールできたら、あなたはどうなっているでしょうか？

　真面目になりすぎたり頑張りすぎたりして、プレッシャーに潰れてしまうことがないと思う。天使と悪魔が順番に出てきてメリハリのある生活ができるといい。

解答例 スキリング・ワークシート解答例

No.1521　20歳の私

認知行動1521

 Skilling Worksheet　　年　月　日　氏名　解答例

テーマ：　２０歳の私

●次の話を読んで，考えてみましょう

　自分の将来，ちょっと先の未来を想像すること，イメージすることはとても大切なことです。今の自分にとらわれずに，好きなものや得意なことから出発して，こうだったら楽しい，面白いだろうなとイメージを膨らませてみましょう。

【ワーク】あなたのイメージする，20歳のあなたの姿を考えてみましょう。

○髪型
刈り上げ　短髪　ワイルド仕上げ

○メイク（顔）
メイクはしないが、日焼け止め必須！

○お出かけファッション
アウトドア系　ダウンとかパーカー

○日常の服
ジャージ　デニム　Tシャツ

○何してる？（学校・会社など）
大学生　自然科学系

○主な学業や仕事の中身は？
動物の研究
山の中で調査

○バイトや副業は？
ペットショップのバイト店員

○学校や仕事の後は何をする？
スポーツジム　筋トレ
犬の世話

○住んでいる場所の様子
（市町村・建物や部屋）
東京の田舎の方
山のあるところ
ペットOKのアパート

○趣味や休みの日にすることは？
映画　ゲーム
犬と一緒に里山ハイク
夏休みは1週間くらい山にこもる

○どんな人たちと関わっているかな？
山男・雪男（笑）　キャンプ友達
同じ研究をしているゼミのメンバー
海外のネット友達

○仲間と遊ぶなら
映画　コンサート　キャンプ
○旅行に行くなら
アルプス　ロッキー
夢はヒマラヤ　チョモランマ！

【まとめ】他の人のイメージも聞いてみて，大切なことをまとめておきましょう

今、良いと思うことが大人になっても良いと感じるのだろうか？　現在の自分の感じ方や考え方から離れることが難しい。独りよがりにならないようにしたい。

No. 2105 話の聞き方①

 Skilling Worksheet　　　年　月　日　氏名　解答例　　コミュケーション2105

テーマ：　話の聞き方①

●次の話を読んで，考えてみましょう

　様々な場面で，人の話を聞く機会があります。1対1の面接，グループ討議，授業など，いろいろな形で人の話を聞きますが，どのようにして話を聞くと良いのでしょうか。

【ワーク1】好ましい話の聞き方について，次の項目に◎・○・△・×を付けてみましょう。

| ◎ | ① | できるだけ相手の方に身体を向ける。 |
| --- | --- | --- |
| △ | ② | 耳で聞くことに，視線や身体の向きは関係ないので気にしなくても良い。 |
| ○ | ③ | 相手の目を見る。 |
| △ | ④ | 相手をジロジロ見るのは失礼なので，できるだけ見ないようにする。 |
| △ | ⑤ | じっとして聞く。首を動かしたり，表情を変えたりしない。 |
| × | ⑥ | 話が長いときは，他のことを考えて気を紛らわす。 |
| ○ | ⑦ | 楽しい話，悲しい話などの内容に合わせた表情をする。 |
| ◎ | ⑧ | 分かったことや納得できたことには，うなずく。 |
| × | ⑨ | 話が長い，面白くないときは，「つまらない」と言うか，聞くのをやめる。 |
| ◎ | ⑩ | 「へ〜・なるほど・そうですか」など，あいづちを入れる。 |
| ○ | ⑪ | 見つめ合うと恥ずかしいので，相手の口や首のあたりに視線を下げる。 |
| ◎ | ⑫ | 話・指示・説明などは最後まで聞いて間違わないようにする。 |

【ワーク2】◎や○が良い，△や×は良くない理由は何ですか？

◎や○が良い理由
目で聞くというぐらいだから、相手の方を見て話に集中するようにする。
相手をリスペクトして、うなづいたり相づちを入れたりしながら聞くと良いと思う。

△や×が良くない理由
話が長い、つまらないとしても、聞かないのは良くない。
相手の方を見なかったり無表情だったりすると、相手が聞いているのか不安になると思う。

【まとめ】他の人の考えも参考にして，大切なことをまとめておきましょう。

話を聞くときとは、相手の言いたいこと、その背景や感情を理解して共感することが大切だ。相手に寄り添い、真剣に話を聞く傾聴の態度を身に付けたい。

No.2107 話し方①

解答例
スキリング・ワークシート解答例

コミュケーション2107

 Skilling Worksheet　　年　月　日　氏名　解答例

テーマ：　話し方①

●次の話を読んで，考えてみましょう

Aさん　　Bさん

Aさんは，声優さんのような上手な発音・発声をしたいと思っています。Bさんは，おしゃべりが大好きで司会や発表も得意です。Aさんは，どうしたら上手に発音・発声できるのか相談してみました。

【ワーク1】このようなとき，Bさんはどのようにアドバイスをしたら良いのでしょうか？
次の項目に◎・○・△・×を付けてみましょう。他のアドバイスも1つ考えてみましょう。

| × | ① | たくさんのことを伝えるためには，できるだけ早口にする。 |
| ◎ | ② | 相手にしっかり伝わるように，ゆっくり，一つ一つの言葉を丁寧に発音する。 |
| △ | ③ | はっきり伝えるために，とにかく声は大きいほど良い。 |
| ○ | ④ | 声の大きさよりも，口の開き方や滑舌に注意して話す方が良い。 |
| ◎ | ⑤ | 相手の方を向くことで，口から出た声が相手の耳に届くようにする。 |
| × | ⑥ | 相手の方を向くと緊張するので，横や下を向いて話す方が良い。 |
| ◎ | ⑦ | 発声に応じた口の形(縦長・横長に開くなど)をはっきりさせる。 |
| △ | ⑧ | 口を大きく開けるのは失礼なので，できるだけ口を閉じるように話す。 |
| ◎ | ⑩ | 他のアドバイス：楽しい話，悲しい話に合った顔の表情にも気を付ける。 |

【ワーク2】◎や○が良い，△や×は良くない理由は何ですか？

◎や○が良い理由
確実に伝えたいならば、ゆっくり、一言一言はっきり話す方が良いと思う。
発音を良くするには、口の形が大切だと音楽の歌の時間に教えてもらった。

△や×が良くない理由
下を向いたり口を閉じ気味にしたりしては、話を伝える気持ちがないと思われてしまう。早口や大声は、相手が話を聞くことが嫌になってしまう。

【ワーク3】あなたなら，発音や発声について具体的にどんなことが工夫できそうですか。

私は顔の表情が硬いと言われるので、口の形に気を付けて話したい。
相手を見るのは恥ずかしいけど、相手に話を届ける気持ちを大切にしたい。

【まとめ】他の人の考えも参考にして，大切なことをまとめておきましょう。

毎日当たり前のように話をしているので、「話し方」についてあまり考えたことがなかった。これからは、相手が聞きやすい話し方かどうか気を付けるようにしたい。

No. 2109　相づちを打つ

コミュケーション2109

 Skilling Worksheet　　年　月　日　氏名　解答例

## テーマ：　相づちを打つ

●次の話を読んで，考えてみましょう

様々な場面で，人の話を聞く機会があります。相手はいろいろな言葉や言い回しで話してきますので，それに合わせた「相づち」を打つことが大切です。

**【ワーク1】** 相手のセリフに対して，どのような相づちを打ったら良いのでしょうか？
下のキーワードをヒントに2種類の「相づち」を考えてみましょう。

| | | |
|---|---|---|
| 例）友達「昨日のテストは満点だったよ…」 | 素晴らしい。 | 頑張ったんだね。 |
| ① 先生「強風で庭の木が倒れてしまったので…」 | それは大変だ。 | 他は大丈夫ですか？ |
| ② 近所の園児「お母さんにぬいぐるみ買ってもらって…」 | カワイイね。 | 大事にしよう。 |
| ③ 先輩「この間，スカウトが僕を見に来たんだ…」 | 素晴らしい！ | 期待できそうだ。 |
| ④ 後輩「練習を頑張ったのに監督が認めてくれなくて…」 | 悔しいね。 | あきらめないで。 |
| ⑤ 友達「僕のSNSのフォロワーが1万人突破してさあ…」 | おめでとう！ | 人気あるんだね。 |
| ⑥ 近所のおじさん「最近，空き巣が多いらしくて…」 | 怖いですね。 | 気を付けましょう。 |
| ⑦ 友達が小さな声で「僕は，実は…なんだけど…」 | 小声で「え…!?」 | そうだったんだ… |
| ⑧ 友達「決勝戦はもう少しで勝てたんだけど…」 | 惜しいね。 | 次も頑張ろう！ |
| ⑨ 先輩「第一希望の学校，落ちちゃってさ…」 | 辛いですね。 | 次は，どうするのですか？ |
| ⑩ 後輩「来年，部長になりたいんですけど…」 | いいね。 | やる気があるな。 |
| ⑪ 友達「あの先生は話が長いので，寝ちゃいそうだ…」 | 確かに… | その気持ち分かるよ。 |
| ⑫ 先生「春から別の学校に務めることになりましたが…」 | とても残念です。 | ありがとうございました。 |
| ⑬ 友達「今度，ピアノ・コンクールに出ようかと…」 | そうなんだ，驚いた。 | 応援してるよ。 |

**【キーワード】**　語尾を変えて使ってみましょう　　例）良かった　→　良かったですね

| | | | | |
|---|---|---|---|---|
| 素晴らしい | 嬉しい | 楽しい | 面白い | 良かった |
| いいね | おめでとう | うわ〜！ | 惜しい | 驚く |
| 悲しい | 辛い | ひどい | 残念 | 困る |
| どうして | どのように | それで | それから | なるほど |

**【まとめ】** 他の人の考えも参考にして，大切なことをまとめておきましょう。

友達との会話だと、すごっ、ヤバっ、ばかり使っている。何となく伝わっているが、できるだけ喜怒哀楽などの感情を表現する具体的な言葉を使うようにしたい。

No.2113 さわやかな言葉遣い①

Skilling Worksheet　　　年　月　日　氏名　解答例　　コミュケーション2113

テーマ：　さわやかな言葉遣い①

●相手の年齢や立場に応じた適切な言葉遣いや話し方があります。
　次のイラストのように様々な相手が話し掛けてきたら，どのような言葉遣いで話をしたら良いのでしょうか？具体的なセリフで書いてみましょう。
　キーワードは，朝の挨拶，天気晴れ，頑張る，目標は入賞，の４項目です。

【同級生】
やあ。
今日は持久走大会があるね。

おはよ〜
大会には良い天気だね。
持久走は得意だから頑張るよ。
目標の6位入賞できるかな？

【先生】
おはよう。
今日は持久走大会がありますね。

おはようございます。
今日は晴れて良かったです。
みんなが頑張ると思います。
僕は入賞を目指します。

【近所のおじさん】
今日は，気持ちいい朝だね。
午後から大会を見に行くよ。

おはようございます。
晴れて気持ち良く走れそうです。
6位入賞が目標なんです。
頑張るので応援してください。

【小さな妹】
う〜ん…
ねむい…。
今日って，何かあるの？

おはよう。眠そうだな…
良い天気だよ。目を覚まして！
今日はマラソン大会なんだ。
金メダル目指して頑張るよ。

【まとめ】他の人の考えも参考にして，大切なことをまとめておきましょう。

相手に失礼のないように敬語を使いたいが、堅苦しいのも変だと思う。大切なのは敬意が伝わることなので、まずは「ですます調」をさらっと使えるようにしたい。

No. 2117　相手の気持ちに沿った会話①

Skilling Worksheet　　　年　月　日　氏名　解答例

コミュケーション2117

テーマ：　相手の気持ちに沿った会話①

●相手の立場や状況，気持ちに沿った会話について考えてみましょう。
　次のイラストのように話し掛けられたら，どのように話をつなげたら良いのでしょうか。
　①　一言目に返すセリフ　（挨拶やお礼，共感する言葉など）
　②　話を広げたり深めたりするセリフ　（相手への質問や自分のことなど）

【同級生】
サークルのみんなに旅行のお土産を買ってきたよ。

① ありがとう。嬉しい！
② どこに旅行へ行ってきたの？
　楽しかった？

【塾の先生】
新しく、あなたの英語の先生になりました。

① 私は〇〇です。
　よろしくお願いします。
② 英語は苦手なので、
　基礎から教えてください。

【同級生】
今度の野球部の大会で先発ピッチャーに選ばれたんだ。

① 素晴らしいことだね。
　頑張っているんだ。
② 大会はいつあるの？
　相手はどんなチームなの？

【小さな妹】
幼稚園の運動会で1位を取ったんだ！

① おめでとう！嬉しいね。
② いっぱい練習したの？
　お母さんも喜んでいた？

【同級生】
今度の試験は難しそうだよね。点数が下がったらどうしよう。

① 確かに難しそうだ。不安だね。
② もう勉強している？
　何か対策はあるかな？

【まとめ】他の人の考えも参考にして、大切なことをまとめておきましょう。

改まって振り返ると、自分の話し方は一言で終わっていることが多いと思った。相手に寄り添い、気持ちを引き出すためには、二言目を添えることが大切だ。

**解答例　スキリング・ワークシート解答例**

No. 2203　お願いする①　～ノートを借りる１～

Skilling Worksheet　　　　　年　月　日　氏名　解答例

アサーション2203

## テーマ：　お願いする①　～ノートを借りる…１～

●次の話を読んで，考えてみましょう

　Aさんは，悩みがあって授業に集中できません。先生の話も頭に入らず，ノートも書きませんでした。
　そこで，勉強を頑張っているBさんに，後でノートを借りようと思いました。

【ワーク１】このようなとき，Aさんはどうしたら良いのでしょうか？
　　　　　次の項目に◎・○・△・×を付けてみましょう。　他の方法も１つ考えてみましょう。

| | | |
|---|---|---|
| △ | ① | ノートぐらいは大したことではないので，軽い口調で「借りるよ！」と言って持っていく。 |
| × | ② | 必要なのはノートなのだから，黙ってBさんの机の中からノートを持っていく。 |
| ◎ | ③ | お願いをするのだから，真面目な態度で「ノートを借りることはできる？」と言ってみる。 |
| ◎ | ④ | 借りたいのなら，その理由や期間などを説明してお願いしてみる。 |
| ◎ | ⑤ | 「ちょっと困ってるんだ」と話し掛けてみてから，ノートを借りることをお願いしてみる。 |
| △ | ⑥ | 事情をいちいち説明する必要はないので，「ノートを貸して」とだけお願いする。 |
| ○ | ⑦ | 悩みがあることをBさんに相談して，勉強のサポートをきちんとお願いする。 |
| ○ | ⑧ | 他の方法：先生に悩みを話して，Bさんのノートを貸してもらえるように依頼してもらう。 |

【ワーク２】◎や○が良い，△や×は良くない理由は何ですか？

◎や○が良い理由
自分が貸してもらう立場なのだから、事情などは説明した方がいい。
いきなり貸してと言うよりは、話がある、お願いがある、と前置きした方が話しやすいかも。

△や×が良くない理由
勝手に机の中を覗いたり、黙って他人の物を持っていったりしたら犯罪と同じだ。
自分が困っているのを助けてもらうのに、軽い態度でお願いするのは相手に失礼だと思う。

【ワーク３】あなたならどうしますか？　お願いのセリフを具体的に書いてみましょう。

お願いがある。さっきの授業、考えごとをしていて、ノートを取れなかったんだ。
可能なら明日までノートを貸してくれないかな？写しておきたいんだ。

【まとめ】他の人の考えも参考にして，大切なことをまとめておきましょう。

何かを誰かにお願いをするのなら、なぜ頼むのか自分の事情を説明することが必要。それと、相手の都合や感情にも配慮して、誠意を込めることが大切。

No. 2210 謝る④ ～壊してしまった2～

Skilling Worksheet　　　年　月　日　氏名　解答例
アサーション2210

テーマ：　謝る④　～壊してしまった…2～

●次の話を読んで，考えてみましょう

AさんはBさんが科学クラブで作った模型を壊してしまいました。教室のロッカーの上に置いてあった模型に手が当たってしまい，床に落としてしまったのです。たまたま手が当たっただけでしたが，模型が落ちやすい場所にあったのです。

【ワーク】Aさんは，どのような謝り方をしたら良いのでしょうか？

◎や○な謝り
大切な模型を壊してしまって、本当にごめんなさい。手が当たったら、落ちてしまいました。

○や△な謝り方
ごめん、ごめん。ちょっと手があたっただけなんだけどね、落ちちゃってさあ…

そうなんだ。反省しているみたいだし、落ちやすいところへ置いておいた僕も良くなかったかな。

Bさんは，事情を理解して許してくれました。

う～ん…
謝っているから許すけどその言い方は、ちょっと気に入らないなあ…

Bさんは，内心は許せないと思いました。

◎や○な謝り方
すみませんでした。悪気はありませんが、不注意で手を当てて落としてしまいました。

△や×な謝り方
ごめんなさいね。でもさあ、あんなところに置いたら、落ちるにきまってるじゃん！

もう気にしないで。わざとした訳ではないのに、謝ってくれてありがとう。お互い、気を付けようね。

Bさんは，快く許してくれました。

はあ？
何が言いたいの？
それじゃ、僕が悪いってこと？

Bさんは，また怒ってしまいました。

【まとめ】他の人の考えも参考にして，大切なことをまとめておきましょう。

反省していることを伝えるためには、まずは謝罪の言葉を述べる。でも、同じ言葉でも声や表情によって受け取り方が違うので、気持ちを込めることが大切だ。

### No. 2212　質問する②　～その場で～

**Skilling Worksheet**　　　　年　月　日　氏名　解答例

アサーション2212

テーマ：　質問する②　～その場で…～

●次の話を読んで，考えてみましょう

　Aさんは，授業中に先生が説明していることが，よく分からなくなってきました。
　まわりの人たちは，静かに先生の説明を聞き続けています。Aさんは，どんどん混乱してきたので，先生に声を掛けてみようと思いました。

【ワーク1】このようなとき，Aさんはどうしたら良いのでしょうか？
　　　　　次の項目に◎・○・△・×を付けてみましょう。　他の方法も1つ考えてみましょう。

| ◎ | ① | 黙って手を挙げ，先生がAさんに「何ですか…？」と声を掛けてきたら質問する。 |
|---|---|---|
| ○ | ② | 説明中はみんなの迷惑になるので，説明が終わってから質問する。 |
| △ | ③ | 説明中でも，はっきり「分かりません！」と，その場面で先生に伝える。 |
| × | ④ | 「先生なんだから，ちゃんと説明して！」と苦情を言う。 |
| ◎ | ⑤ | 「すみません，今，質問してもいいですか？」と，先生に確認する。 |
| △ | ⑥ | まずは「ちょっと待って！」と声を上げて，説明をストップさせる。 |
| ◎ | ⑦ | 他の方法：話がひと段落したら手を挙げながら「質問があります」と声を出す。 |

【ワーク2】◎や○が良い，△や×は良くない理由は何ですか？

◎や○が良い理由
先生の話を途中で遮ることは失礼だし、みんなの迷惑になると思う。
先生に質問をしてよいのか確認してからがいいと思う。

△や×が良くない理由
授業中に苦情をぶつけるのはクレーマーみたいだし、授業の雰囲気が悪くなると思う。
いきなり、分かりません、待って、と言うのは自分勝手な感じがする。マナー違反だと思う。

【ワーク3】あなたならどのように質問しますか？　具体的な場面を想定して書いてみましょう。

分からなくなった瞬間に、今の部分が分からなかったと伝えたいので、まずは、手を挙げてみる。指名されたら「今、質問してもいいですか？」と聞く。

【まとめ】他の人の考えも参考にして，大切なことをまとめておきましょう。

分からないことをそのままにしておくのは良くない。周りの迷惑にならないようにマナーを守り、正しいタイミングと言葉遣いで質問をするようにしたい。

No. 2217 アサーティブな言い方②

Skilling Worksheet　　　年　月　日　氏名　解答例　　アサーション2217

テーマ：　アサーティブな言い方②

●次の説明を読んで，考えてみましょう

アグレッシブ：
　自分中心に考え，攻撃的に発言，行動する。
ディフェンシブ：
　相手に従うように考え，発言，行動する。
アサーティブ：
　相手に配慮しつつ，自分で考え，発言，行動する。

【ワーク1】次のような場面で，相手を攻撃するような好ましくないアグレッシブなセリフと，相手を認めつつ自分の気持ちも表現できるようなアサーティブなセリフを考えてみましょう。

| 場　面 | アグレッシブ △・×なセリフ | ディフェンシブ △・×なセリフ | アサーティブ ◎・○なセリフ |
|---|---|---|---|
| 球技大会の種目は，サッカーがいいと思っていたのに，「バスケがいい」と先に提案した人がいた。反対したい。 | バスケなんて嫌だ。絶対にサッカーがいい。サッカー以外は、ありえない！ | いいよ、バスケで。もう、どうでもいい。 | バスケも楽しいけど、サッカーは大勢でできるし、大会種目に良いと思うよ。 |
| 電車が遅れて遅刻したのに，時間を守れないダメな人だと言わた。自分のせいではないので納得できない。 | 私が悪いんじゃない。電車が送れたんだから、しかたないでしょう。 | すみませんでした。私が悪かったです。 | 遅れたことはすみませんでした。ですが、電車が送れたことが原因ですので許してください。 |
| 美術の制作が上手くいかなくてイライラしているときに「下手だなあ」とダメ出しされた。さらにイライラしてきた。 | うるさい！下手とはなんだ！あっちいけ！ | そうだね。下手だね。私、不器用だし… | そんなこと言わないで。上手にできる方法があったら教えてくれるとありがたいな。 |
| 旅行に行ったときの写真をSNSにアップしたら，「自慢ばっかり」と嫌味を言われた。ショックだ。 | はあ？私が何をしようとあなたには関係ないでしょう。羨ましいの？ | 気分が悪くなるなら、削除しておくね。 | 気分を悪くしたなら、ごめんなさい。でも、とてもいい思い出だったからアップしたんだ。 |
| 用事ができたので，短時間で簡単にできる仕事を別の人にお願いしたら断られた。でも，お願いしたい。 | どうして？こんなこともしてくれないなんてひどい！ | そうだよね。無理だよね。 | 用事で仕事ができなくなったんだ。忙しいかもしれないけど、手を貸してくれるとありがたい。 |

【まとめ】他の人の考えも参考にして，大切なことをまとめておきましょう。

アサーティブな言い方は難しいと思った。私はついアグレッシブな言い方になってしまう。怒りや嫌味に聞こえないように、言いたいことを表現できるようにしたい。

No. 2304　友達に話し掛ける②

Skilling Worksheet　　　年　月　日　氏名　解答例

集団参加2304

テーマ：　友達に話し掛ける②

●次の話を読んで，考えてみましょう

　Aさんは，友達付き合いが得意ではありません。みんなが楽しく話をしていても，仲間に加わろうとしません。友達から話し掛けられたり誘われたりすると一緒に楽しく活動するのですが，自分から話し掛けられる人は1～2人しかいません。
　幼なじみのBさんは，心配しています。

【ワーク】Bさんは，どのように言葉を掛けたら良いでしょうか？

| ◎や○な言葉の掛け方<br>同じゲームや動画が好きな人がいたら、その話題で話し掛けてみたらどう？ <br><br>そうだね。そうしてみようかな。少しできるかも…。 <br><br>Aさんは，少しやってみようかなと思いました。 | ○や△な言葉の掛け方<br>Aさんが嫌われているわけではないんだから、思い切って声を掛ければいいだけだよ。 <br><br>う～ん…君が言いたいことは僕にも分かっているけど、でも、できるかな…？<br><br>Aさんは，少し無理そうだなと思いました。 |
|---|---|
| ◎や○な具体的アドバイス<br>まずは、「おはよう」とか、「暑いね」とか、一言の会話からスタートしてみたら？ <br><br>分かったよ。具体的なアドバイスをしてくれてありがとう。頑張ってみる。 <br><br>Aさんは，いろいろな人と話ができました。 | △や×な言葉の掛け方<br>意気地なし！モジモジばっかりしてて見ててイライラする。 <br><br>あぁ…やっぱり、僕はダメな人間なんだ。もう、どうしようもない…<br><br>Aさんは，誰とも話をしなくなりました。 |

【まとめ】他の人の考えも参考にして，大切なことをまとめておきましょう。

誰でも初めて話し掛けるのは勇気がいる。何を話すか迷ってしまう。同じ趣味の話ならしやすいし、挨拶や天気の話とかなら気軽にできると思う。

No. 2310　話し合い③　〜譲らない2〜

Skilling Worksheet　　　年　月　日　氏名　解答例
集団参加2310

テーマ：　話し合い③　〜譲らない…2〜

●次の話を読んで、考えてみましょう

AさんとBさんは、仲の良い幼なじみで、同級生です。学級の班で話し合い活動をしているときに、Bさんは、自分の意見でないとダメだと怒って、みんなの意見を聞こうとしません。話し合いは何も決まらずに終わりました。
　話し合いが終わった後で…

【ワーク】Aさんは、どのような言葉を掛けたら良いのでしょうか？

◎や○な言葉の掛け方
話し合いは意見を聞き合うところ。みんなが意見を聞いてもらえなくて困っているよ。

そうかぁ…。
みんなが、困っていたなんて思っていなかったよ。ゴメンね。

Aさんは、少し反省しているようです。

○や△な言葉の掛け方
みんなの考えを聞く前から、自分の意見が一番いいと決めつけないでね。

う〜ん…
そうかもしれないけど、自分が言いたいことを言っても良いだろう。

Aさんは、少し納得できない様子です。

◎や○な具体的アドバイス
賛成・反対は最後に確認するから、まずは、みんなの提案の中身を聞いてみましょう。

分かったよ。
これからは、そうしてみるよ。具体的なアドバイスをありがとう。

Aさんは、これからは気を付けようと思いました。

△や×な言葉の掛け方
自分の意見が通らないと怒ってばっかり。みんなが迷惑しているし、うんざりしているよ。

はあ？
何だよ。他人がどう感じようと、そんなの僕には関係ないよ！

Aさんは怒って、話を聞かなくなりました。

【まとめ】他の人の考えも参考にして、大切なことをまとめておきましょう。

話し合いは、聞き合うこと。賛成か反対かより、みんなの考え方を確認すること。「決める」ことよりも、みんなの考えを「合わせる」ことを大切にしたい。

No. 2315 チーム対抗のゲームをする

Skilling Worksheet　　　年　月　日　氏名　解答例

テーマ： チーム対抗のゲームをする

●次の話を読んで，考えてみましょう

AクラスとBクラスが，クラス対抗球技大会でサッカーの試合をしています。Aクラスはミスばかりしていますが，選手も応援も盛り上がっています。Bクラスはミスは少ないのですが，選手も応援も盛り上がっていません。

Aクラス　　Bクラス

【ワーク１】チームが盛り上がることとは，どのようなことでしょうか？
次の項目に◎・○・△・×を付けてみましょう。　他の方法も１つ考えてみましょう。

| △ | ① | 上手な人だけがプレーして，負けないようにする。 |
|---|---|---|
| ◎ | ② | 勝ち負けよりもクラスの仲の良さや楽しむことを大切にする。 |
| × | ③ | ミスをした人がいたら，腐ったり愚痴ったりして，マイナスの気持ちを表すようにする。 |
| × | ④ | プレーとは関係なく，いたずらしたり大声を出したりして，ふざけて楽しむ。 |
| × | ⑤ | ミスをした人がいたら，責めたり怒ったりして，気持ちをぶつけるようにする。 |
| ◎ | ⑥ | ミスをした人がいたら，「ドンマイ」「次行こう！」など，前向きな応援や声掛けをする。 |
| △ | ⑦ | クラスの仲の良さやプレーを楽しむよりも「勝ち」にこだわるようにする。 |
| ○ | ⑧ | 他の理由：部活の大会ならみんなで気持ちをひとつにして勝ちを狙う。 |

【ワーク２】試合や応援が，盛り上がる・盛り上がる理由は何でしょうか？

盛り上がること
勝ち負けよりも楽しむために、失敗しても「ナイス・トライ」「ドンマイ」などの言葉を使う。
みんなで声を揃えたり拍手を合わせたりして一体感を作る。

盛り下がること
ミスがあったときに「チッ」と舌打ちをする、上手にできないときに「何やってるんだ」と責める、負けたら腐るような態度をとることなど。

【ワーク３】あなたなら具体的にどのような行動をしますか？

たくさん声を出す。拍手をいっぱいする。
「さあ、いこう」「いいね」「ナイス・シュート」などのプラス言葉や、「ドンマイ」「ナイス・トライ」などの気遣い言葉を使う。

【まとめ】他の人の考えも参考にして，大切なことをまとめておきましょう。

何のための活動なのか考える。勝ち負けや上手下手に目を向けるのでなく、みんなで楽しむために必要なことを、声に出したり、態度に示したりすることが大切。

No.2319　リーダーとして① ～合唱祭～

Skilling Worksheet　　　年　月　日　氏名　解答例　　集団参加2319

テーマ：　リーダーとして①　～合唱祭～

●次の話を読んで，考えてみましょう

　Aさんは合唱祭の女声パートリーダーになりました。毎日の合唱練習を頑張っています。
　Bさんは歌が得意な方ではないので，合唱祭が心配です。そのため，歌の練習にも気合が入りません。Aさんの指示もよく聞いていません。

【ワーク１】このようなとき，Aさんはどうしたら良いのでしょうか？
　次の項目に◎・○・△・×を付けてみましょう。　他の方法も１つ考えてみましょう。

| | | |
|---|---|---|
| △ | ① | きちんと練習しないBさんが悪いので，怒って注意する。 |
| ○ | ② | みんなの力を合わせる良い方法がないか，学級みんなで話し合ってみる。 |
| ○ | ③ | Bさんの気持ちや意見を聞いてみて，対応を考えてみる。 |
| ◎ | ④ | リーダーらしい態度や言葉遣いで指示を出し，みんなの「やろう」という気持ちを高める。 |
| ◎ | ⑤ | 練習の仕方を工夫して，みんながやり易いように，納得できるようにする。 |
| ○ | ⑥ | 担任の先生や応援担当の先生に相談してみる。 |
| × | ⑦ | Bさんのようなタイプは無視して，今まで通りに練習を続ける。 |
| ○ | ⑧ | 他の方法：Bさんと仲の良い友達に相談してみる。 |

【ワーク２】◎や○が良い，△や×は良くない理由は何ですか？

◎や○が良い理由
Bさんには Bさんの考え方や事情があると思うので、話を聞いてみたらいいと思う。
リーダーなんだから、みんなの気持ちを高める言葉掛けを工夫してもらいたい。

△や×が良くない理由
どんなことがあっても、クラスの仲間を無視することは良くない。
Bさんが悪いからと感情的に怒っても、お互い気分が悪くなるだけだと思う。

【ワーク３】あなたならBさんにどのような言葉を掛けますか？　具体的に書いてみましょう。

みんなの意見を聞いて、練習の仕方を変えてみようと思うのだけど、
Bさんは、どんな風に練習したら、みんなが頑張れると思う？

【まとめ】他の人の考えも参考にして，大切なことをまとめておきましょう。

リーダーで大切なことは、みんなの意見を聞いて、みんなが納得する方法を示すことだと思う。考え方を押し付けたり、誰かを無視したりしてはいけない。

No. 2403 言いたいことを言う？

社会生活2403

Skilling Worksheet　　　年　月　日　氏名　解答例

テーマ：　言いたいことを言う？

●次の話を読んで，考えてみましょう

ものごとをするときは，メリットとデメリットの両方を考えることが大切です。何も考えずに「したいことをする」のは，自分にとっても周りの人にとっても「しない方が良かった」ことかもしれません。自分だけでなく，周りの人のメリットとデメリットを考えることで，「大人として」より良い社会生活ができるでしょう。

【ワーク１】ラーメン屋で大学生のAさんが、もやしラーメンを頼んだら、ピーマンがたくさん入っていました。ピーマン嫌いのAさんは、「もやしを頼んだのに最悪だ。ピーマンが入っているよ。まずい！」と大きな声で文句を言いながら食べ、ピーマンをたくさん残しました。

Aさん，お店の人，他のお客さんの立場でメリットとデメリットを考えてみましょう。

|  | 「まずい」と言い，たくさん残す。 | 「まずい」とは言わず，あまり残さない。 |
|---|---|---|
| メリット | Aさん　言いたいことを言ってすっきり。苦手なものを食べないで済む。<br>お店の人　メリットなし<br>他の客　メリットなし | Aさん　周りの人に迷惑を掛けない。自他の気持ちが分かる人間になる。<br>お店の人　作った甲斐がある。迷惑行為がなくて安心。<br>他の客　楽しく食事ができる。これが当然のこと。 |
| デメリット | Aさん　周りの人から嫌な目で見られる。嫌なことからは逃げる人間になる。<br>お店の人　店の雰囲気が悪くなる。気持ちを傷付けれれる。<br>他の客　まずいなど聞くと嫌な気持ちになる。うるさくて迷惑する。 | Aさん　苦手なものを食べないといけない。<br>お店の人　Aさんには満足してもらえない。<br>他の客　デメリットなし |

【ワーク２】上の内容を見て，Aさんは「大人として」，どうすると良かったのでしょうか？

嫌いなピーマンも、少しは食べる方がよい。「最悪」だとか「まずい」などは、自分がそう思っても、他の人たちのことを考えて言わない。(マナーを守る)

【まとめ】他の人の考えも参考にして，大切なことをまとめておきましょう。

マナーやモラルを守ることは、他者の気持ちに配慮すること。不快感を周りに与えるような言動は慎むこと。自分のことしか考えないのは社会人として恥ずかしい。

No. **2409** さわやかな身だしなみ①

社会生活2409

 Skilling Worksheet　　年　月　日　氏名　解答例

## テーマ：さわやかな身だしなみ①

●次の話を読んで，考えてみましょう

　Aさんは，制服を着てもシャツの裾が出ていたり，面倒なのでボタンを掛けなかったりと，だらしない感じです。
　朝の洗顔やお風呂，歯磨きもいい加減です。
　髪の毛やヒゲも気にしないで，アルバイトや就職の面接のときにスーツを着てもパリっとしません。

【ワーク１】Aさんは，身だしなみについてどうしたら良いのでしょうか？
次の項目に◎・〇・△・×を付けてみましょう。　他の方法も１つ考えてみましょう。

| △ | ① | 人は見た目ではないので，Aさんはそのままで良い。 |
|---|---|---|
| 〇 | ② | 面接などは見た目が重要なので，Aさんは身だしなみを整えた方が得である。 |
| 〇 | ③ | 制服やスーツを着たときくらいは，身だしなみを整えた方が良い。 |
| × | ④ | ボタンを全部しめたりシャツの裾を入れるのはダサいのでやめた方が良い。 |
| ◎ | ⑤ | 周りの人に不快感を与えることもあるので，いつも清潔にした方が良い。 |
| △ | ⑥ | 学生は外見など気にしないで，勉強や部活などで心などの内面を成長させる方が良い。 |
| 〇 | ⑦ | 他の方法：服装を整えることは、自分のためだけではなく、みんなのため。 |

【ワーク２】人は見た目や身だしなみが大切なのでしょうか？

身だしなみを整えた方が良い理由
清潔感がないと、不潔でだらしない人、関わりたくない、ダメな人と思われてしまう。
学校や会社の人に不快感を与える。社員がだらしないと会社の評判が悪くなってしまう。

身だしなみをあまり気にしなくても良いときは？
休みの日で、誰にも会わないとき。
自分の部屋で、ゲームをしたり音楽を聴いたりするとき。

【ワーク３】あなたならどんなことに注意しますか？　具体的な場面を想定して書いてみましょう。

シャツを入れるか出すかなどの形よりも、周りの人の感じ方に注意する。不快感を与えることがないように、他者の気持ちを考えて自分の身だしなみを整える。

【まとめ】他の人の考えも参考にして，大切なことをまとめておきましょう。

社会は人と人が影響し合って成り立つ。自分がよければ…では、社会人失格。身だしなみ一つでも、自分のことを他者目線で捉えて調節できるようになりたい。

181

No. 2415　みんながするから①

Skilling Worksheet　　　　年　月　日　氏名　解答例

社会生活2415

テーマ：　みんながするから①

●次の話を読んで，考えてみましょう

　高校生のAさんには，小学生の妹のBさんがいます。妹のBさんには，仲良しだったCさんがいますが，最近，一緒に遊んでいないようです。
　Aさんは気になって聞いてみると，Bさんは「みんなが無視するって言うから…」と言いました。

【ワーク1】Aさんは，妹のBさんにどのようにアドバイスしたら良いのでしょうか？
　次の項目に◎・○・△・×を付けてみましょう。　他の方法も1つ考えてみましょう。

| × | ① | みんなと同じことをしないと仲間外れにされるから，これからも無視した方が良いよ。 |
| --- | --- | --- |
| ◎ | ② | Cさんの気持ちを考えたことがある？あなたは友達なんだから声を掛けてあげて。 |
| × | ③ | あなたも無視したいなら，そうすれば良いね。 |
| ◎ | ④ | それは，いじめだよ。絶対にダメ。すぐに先生に相談した方が良いよ。 |
| × | ⑤ | あなたのことが一番大切。Cさんよりも，あなたが無視されないように先生には黙っていてね。 |
| △ | ⑥ | あなたがみんなを止めることはできないの？「無視なんてやめよう」と言えない？ |
| ○ | ⑦ | あなたにCさんが救えないなら，誰かに相談したり助けを求めたりした方が良いよ。 |
| ○ | ⑧ | 他の方法：Cさんのために、あなたにできることはないのかな？ |

【ワーク2】◎や○が良い，△や×は良くない理由は何ですか？

◎や○が良い理由
まずは、無視されている人の気持ちを考えることが必要だと思う。
自分だけでは解決できそうにないことは、誰かに相談した方がいい。

△や×が良くない理由
無視はいじめ。いじめに加担したり見ないふりをしたりするは絶対ダメ。
いじめを一人の力で止めるのは難しいかもしれない。

【ワーク3】あなたならどのような言葉を掛けるか，具体的に書いてみましょう。

みんなでしていることは、良いことなのかな？それとも、悪いことかな？
あなた(Bさん)は、Cさんと仲良しだから無視はしたくないでしょ？　その気持ちは大切なもの。まずは、あなたがCさんに声を掛けてあげるといいんじゃないかな？

【まとめ】他の人の考えも参考にして，大切なことをまとめておきましょう。

いじめは法律でも禁止されている。人の心や身体を守る大切な社会のルールなのに
守れない人がたくさんいる。まずは、自分が正しい行動をするように心掛ける。

No. **2423** 万引きを強要された②

Skilling Worksheet　　　年　月　日　氏名　解答例

社会生活2423

テーマ：　万引きを強要された②

●次の話を読んで，考えてみましょう

ある日，Aさんは怖い先輩に「万引きをしてこい。できなければ殴る。」と脅されました。Aさんは，逆らうことができずに「分かった」と言いましたが，万引きをすることも殴られることも，どちらも怖くて，友達のBさんに相談しました。

【ワーク】Bさんは，どのような言葉を掛けたら良いのでしょうか？

◎や○な言葉の掛け方
万引きはダメ。でも、僕たちでは解決できないから、誰か大人に相談した方がいいよ。

そうだね。それは良い案かもね。考えてみるよ。

Aさんは，少し考えてみることにしました。

○や△な言葉の掛け方
自分のことは自分で解決しないとね。きっぱり嫌だって言えばいいじゃないか。

う〜ん…ちょっと，それは…できるかなぁ…

Aさんは，少し納得できません。

◎や○な具体的アドバイス
親か先生、警察も学生の問題をサポートしてくれるよ。一緒に相談してみよう。

分かったよ。そうしてみる。具体的なアドバイスをありがとう。

Aさんは，正しい行動をしました。

△や×な言葉の掛け方
万引きはダメだから、適当に無視すればいいんじゃない？殴られるかもだけど…

えぇ…？そんなあ…。僕は、もうおしまいだ…

Aさんは，さらに落ち込んでしまいました。

【まとめ】他の人の考えも参考にして，大切なことをまとめておきましょう。

社会のルール、法律を守ることを軽視してはいけない。自分で解決できないときは、身近な大人や専門家に相談すること。問題を放置したり先送りしないこと。

## No.2503 ネットとリアル ～言葉遣い～

**解答例　スキリング・ワークシート解答例**

ネット社会生活2503

Skilling Worksheet　　　年　月　日　氏名　解答例

テーマ：　ネットとリアル　～言葉遣い～

●次の話を読んで，考えてみましょう

Aさん

　Aさんはオンラインゲームが大好きです。ゲーム中には，「じゃまだ！どけっ！このボケが！」と激しい口調で言うことがよくあります。
　ある日，Aさんが歩いていると，通り道に座り込んで話している人がいました。

【ワーク１】Aさんはどのように考えたら良いのでしょうか？
　次の項目に◎・○・△・×を付けてみましょう。　他の方法も１つ考えてみましょう。

| × | ① | ネットもリアルも違いはないので「じゃまだ！どけっ！このボケが！」で良い。 |
| --- | --- | --- |
| ○ | ② | ネットもリアルも，どちらも「じゃまだ！」などと激しく言うことは良くない。 |
| ○ | ③ | ネットとリアルを混同してはいけないので，態度や言葉は変えた方が良い。 |
| ◎ | ④ | リアルで知り合いでなければ「すみませんが，通してください」と敬語を使った方が良い。 |
| × | ⑤ | ネットとリアルで，態度を変えるのは良くないので，激しいか丁寧かのどちらかにする。 |
| × | ⑥ | ネットでもリアルでも，ボケな人だと思ったら正直にボケと言った方が良い。 |
| △ | ⑦ | リアルでは「じゃまなんだけど，どいてくれる？」ぐらいに軽く言うと良い。 |
| ○ | ⑧ | ネットでもリアルでも，「ボケ」は悪口なので絶対に許されない。 |
| ○ | ⑨ | 他の方法：ゲーム中は少し荒い口調でもしかたないが、悪口はいけない。 |

【ワーク２】◎や○が良い，△や×は良くない理由は何ですか？

◎や○が良い理由
ネットとリアルで人との関わり方を変えたり、人格を変えたりするのはあまりよくないと思う。
ネットでもリアルでも、悪口や荒い口調では、相手に失礼だし、周りに不快感を与える。

△や×が良くない理由
ネットでもリアルでも、悪口が許されるような場所はないはず。
荒い言い方もよくないが、知り合いでなければあまり軽い言い方もよくないと思う。

【ワーク３】あなたがAさんなら，どのように言葉を掛けますか？

| リアル(道を通れないとき) | ネット(ゲーム中にじゃまなとき) |
| --- | --- |
| 通りたいのですが、少し道を空けていただけませんか？ | ちょっと〜、通してくれ〜　そこ空けてよ！ |

【まとめ】他の人の考えも参考にして，大切なことをまとめておきましょう。

リアルでも、スポーツ中などは少し荒い口調になってしまう。その全部が悪いとは思わないが、相手をリスペクトすることや周囲を不快にしないことが大切だと思う。

No. 2507　ネットのモラル① ～書き込み１～

ネット社会生活2507

 Skilling Worksheet　　年　月　日　氏名　解答例

テーマ：　ネットのモラル①　～書き込み…１～

●次の話を読んで，考えてみましょう

Bさん　Aさん

　Aさんは，最近，新しい彼氏のBさんとデートをした。そのときの様子を自慢たっぷりにSNSにアップしました。すると，たまたまその自慢話を読んで，気分の悪くなったCさん（二人とは知り合いではない人）がいました。

【ワーク１】気分の悪くなったCさんは，どのようなコメントを残せば良いのでしょうか？
　　次の項目に◎・○・△・×を付けてみましょう。　他の方法も１つ考えてみましょう。

| △ | ① | 自慢話は，あなたの印象を悪くするのでやめた方がいいですよ。とアドバイスする。 |
| ○ | ② | 素敵な彼氏ですね。羨ましい。とお世辞を書き込む。 |
| △ | ③ | せいぜい楽しんでください。と皮肉を書き込む。 |
| × | ④ | お前みたいなリア充は呪ってやる。と嫌がらせを書き込む。 |
| × | ⑤ | 自慢話をされても，こちらの気分が悪くなるだけです。と正直な感想を書き込む。 |
| ◎ | ⑥ | 無視する。コメントをしない。 |
| ○ | ⑦ | 仲良くね。と当たり障りのない書き込みをする。 |
| △ | ⑧ | 自慢話をする人は，このSNSから出て行ってほしい。と退会を要求する。 |
| ○ | ⑨ | 他の方法：そんなことが気になるなら、自分からそのSNSをやめる。 |

【ワーク２】◎や○が良い，△や×は良くない理由は何ですか？

◎や○が良い理由
自分が楽しめたり自分の役に立ったりする情報以外はスルーしておけばいいだけ。
トラブルを起こしたり炎上させたりするよりは、お世辞や社交辞令の方が無難。

△や×が良くない理由
他者を攻撃するようなコメントを書き込みことはSNSのマナー違反。
皮肉や忠告など、余計なコメントは書くだけ無駄だしマイナスの効果しかないと思う。

【ワーク３】あなたがCさんなら，どうしますか？　具体的な行動やコメントを考えてみましょう。

スルー。みんなが楽しめるように、マイナス言葉のコメントはしない。
気分が悪くなるような書き込みばかりしている人のSNSは見ない、ブロックする。

【まとめ】他の人の考えも参考にして，大切なことをまとめておきましょう。

SNSは実際に顔を合わせることがないから、他者を攻撃、中傷するようなコメントも多い。モラルとマナーを守り、他者の気持ちに配慮した言動を心掛けたい。

No. 2516　ネットとお金②　〜課金2〜

解答例

スキリング・ワークシート解答例

ネット社会生活2516

 Skilling Worksheet　　年　月　日　氏名　解答例

テーマ：　ネットとお金②　〜課金…2〜

●次の話を読んで，考えてみましょう

　Aさんは，スマホゲームが大好きです。高得点を狙い，お小遣いをつぎ込んで課金を繰り返しています。本人は，勝てたり最高ランクになったりするので満足しています。
　お姉さんのBさんは，その様子を見ていて心配になってきました。

【ワーク】Bさんは，Aさんにどのような言葉を掛けたら良いのでしょうか？

◎や○な言葉の掛け方
ソーシャルゲームは、ギャンブルと同じ。ついついのめり込んでしまうから、気を付けて。

そうかなぁ…？
ちょっと、考えないといけないね。

Aさんは，少し考えてみることにしました。

○や△な言葉の掛け方
課金しないとゲームで勝てないなんて、ゲームの意味ないじゃん。いい加減にしたら？

う〜ん…
それはそうだけど，みんなも課金しているし…

Aさんは，少し納得できません。

◎や○な具体的アドバイス
少しの課金はいいけど、お金を使いすぎないように、回数や金額は決めておいた方がいいよ。

そうだね。
そうしてみる。具体的なアドバイスをありがとう。

Aさんは，正しい行動をしました。

△や×な言葉の掛け方
ゲームばっかりして、お金まで使い込んで、それで満足しているなんて最低ね。

はあ？
僕のすることに口出しをしないで！

Aさんは，怒ってしまいました。

【まとめ】他の人の考えも参考にして，大切なことをまとめておきましょう。

ソーシャルゲームは射幸性が強いらしく、気持ちをコントロールするのが難しい。工夫して冷静にならないと、人間関係や金銭的なトラブルを起こしやすい。

No. 2519　ネットと犯罪③　〜脅された１〜

Skilling Worksheet　　年　月　日　氏名　解答例

ネット社会生活2519

テーマ：　ネットと犯罪③　〜脅された…１〜

●次の話を読んで，考えてみましょう

　Aさんは，彼氏と喧嘩し，もう会わないことにしました。
　しかし，元彼の方は，Aさんに付きまとったり，また会ってくれなければAさんの画像や個人情報をネットにばらまくとメールをしてきます。

【ワーク１】このようなとき，Aさんはどうしたら良いのでしょうか？
　　次の項目に◎・○・△・×を付けてみましょう。　他の方法も１つ考えてみましょう。

| △ | ① | 何を脅されても，きっぱりと「もう会わない。」とメールを返信する。 |
| × | ② | 元彼に会わないようにするため，家に閉じこもる。 |
| △ | ③ | 信頼できる第三者に立ち会ってもらって元彼に会い，きちんと話し合って解決する。 |
| ◎ | ④ | ネットトラブル相談センターや，デートDV相談センター，警察などに電話してみる。 |
| × | ⑤ | 元彼なのだから，また会ってあげる。 |
| ◎ | ⑥ | Aさんの親や学校の先生に，脅されたことを相談する。 |
| △ | ⑦ | ただの脅しだから，元彼のことは無視して，普通に生活を送る。 |
| × | ⑧ | 他の方法：男性の知り合いから、近寄るなと警告してもらう。 |

【ワーク２】◎や○が良い，△や×は良くない理由は何ですか？

◎や○が良い理由
自分で解決することは難しいと思う。まずは、身近な人に相談する。　相手がしつこいようなら専門家に相談した方がよい。知り合いとかでは問題が大きくなるかも。

△や×が良くない理由
話し合って相手が納得するといいが、会うことは危険だと思う。またケンカになりそう。
無視するのもありだと思うが、問題を放置したり先延ばししたりするのはよくない。

【ワーク３】あなたがAさんならどうしますか？　具体的な行動を書いてみましょう。

まずは、家族か学校へ相談する。それから警察に連絡する。
信頼できる公共機関が紹介しているようなSNS相談や電話相談などを利用する。

【まとめ】他の人の考えも参考にして，大切なことをまとめておきましょう。

メールやSNS上のことでも、脅しなどは警察などの専門家に相談する。まずは早めに家族などに伝える。言いなりになるのもダメだし、刺激するのもよくない。

**廣田　稔**（ひろた　みのる）

　新潟県の公立中学校教諭。過去には，東京都郊外で学習塾の講師や石川県能登地方で自然体験施設の指導員などを経験。新潟県では特別支援学校や発達障害通級指導教室などを担当。

**特別支援教育における**
# ソーシャルスキルを磨く
# スキリング・ワークシート

2025 年 1 月 17 日　第 1 刷発行

著　　者　　廣田　稔
発 行 者　　加藤勝博
発 行 所　　株式会社ジアース教育新社
　　　　　　〒 101-0054　東京都千代田区神田錦町 1-23 宗保第 2 ビル
　　　　　　Tel：03-5282-7183　Fax：03-5282-7892
　　　　　　E-mail：info@kyoikushinsha.co.jp
　　　　　　URL：https://www.kyoikushinsha.co.jp
デザイン　　アトム☆スタジオ　小笠原准子
ワークシートのイラスト　いらすとや（みふね たかし）
印刷・製本　　三美印刷株式会社
○定価は表紙に表示してあります。
○乱丁・落丁はお取り替えいたします。

ISBN978-4-86371-710-7